MEDITERRANE REZEPTE 2022

GESUNDE UND EINFACHE REZEPTE

JAME STEINER

Inhaltsverzeichnis

Mit Knoblauch geröstete Tomaten und Oliven 9

Ziegenkäse und Knoblauch Crostini 11

Rosmarin-geröstete rote Kartoffeln 12

Avocado-Eier-Rührei 12

Morgen Tostadas 15

Parmesanomelett 17

Wassermelonenpizza 17

Herzhafte Muffins 19

Morgenpizza mit Sprossen 19

Bananen-Quinoa 22

Eierauflauf mit Paprika 22

Blumenkohlkrapfen 25

Cremige Haferflocken mit Feigen 26

Gebackene Haferflocken mit Zimt 27

Mandel-Chia-Porridge 29

Kakao-Haferflocken 30

Zimtschnecken Hafer 30

Kürbis-Haferflocken mit Gewürzen 33

Geschmorte Zimtäpfel mit Datteln 35

Gewürzte pochierte Birnen 35

Cranberry - Apfelsoße 38

Blaubeerkompott 40

Trockenfrüchtekompott 42

Schokoladenreis 43

Fruchtkompott	44
Gefüllte Äpfel	46
In Zimt gedünstete getrocknete Pflaumen mit griechischem Joghurt	48
Vanille-pochierte Aprikosen	48
Cremige gewürzte Mandelmilch	50
Pochierte Birnen mit griechischem Joghurt und Pistazie	52
In Rosenwasser pochierte Pfirsiche	54
Brown Betty Apfeldessert	56
Blaubeer-Hafer-Crumble	58
Dattel- und Walnussplätzchen	60
Marokkanische gefüllte Datteln	62
Feigenkekse	62
Mandelgebäck	65
Türkische Freudenkekse	65
Anisplätzchen	68
Spanischer Nougat	70
Spanische Streuselkuchen	72
Griechische Honigkekse	74
Zimt-Butter-Kekse	76
Beste französische Baiser	78
Zimtpalme	79
Honig-Sesam-Kekse	79
Bratäpfel	82
Kürbis gebacken mit Trockenfrüchten	83
Bananen-Shake-Schalen	84
Kalte Zitronenquadrate	85
Blackberry and Apples Cobbler	86

Schwarztee-Kuchen 88

Grüner Tee und Vanillecreme 89

Feigenkuchen 90

Kirschcreme 91

Erdbeercreme 92

Apfel- und Pflaumenkuchen 93

Zimt-Kichererbsen-Kekse 93

Kakao Brownies 96

Kardamom-Mandel-Creme 96

Bananen-Zimt-Cupcakes 98

Rhabarber-Apfel-Creme 99

Mandelreis Dessert 100

Mediterrane Bratäpfel 101

Chia-Mandelbutter-Pudding 102

Süßer Milchreis 103

Cremige Joghurt-Bananen-Schalen 104

. Zitronen-Birnen-Kompott 105

Gesunde und schnelle Energiehäppchen 106

Gesunde Kokos-Heidelbeerbällchen 107

Panna Cotta 109

Türkisch Kunefe 111

Linguine mit Meeresfrüchten 113

Ingwer-Garnelen-Tomaten-Relish 115

Garnelen & Pasta 118

Pochierter Kabeljau 120

Muscheln in Weißwein 122

Dilly Lachs 124

Glatter Lachs	126
Thunfisch Melodie	126
Meerkäse	128
Gesunde Steaks	129
Kräuterlachs	130
Rauchig glasierter Thunfisch	131
Knuspriger Heilbutt	132
Fit Thunfisch	133
Heiße und frische Fischsteaks	133
Muscheln O'Marine	135
Slow Cooker Mediterraner Rinderbraten	136
Slow Cooker mediterranes Rindfleisch mit Artischocken	138
Skinny Slow Cooker Schmorbraten im mediterranen Stil	140
Slow Cooker Hackbraten	142
Slow Cooker Mediterrane Beef Hoagies	144
Mediterraner Schweinebraten	146
Rindfleischpizza	148
Rindfleisch & Bulgur Frikadellen	151
Leckeres Rindfleisch und Brokkoli	153
Rindfleisch Mais Chili	154
Balsamico-Rindfleischgericht	156
Sojasauce Rinderbraten	158
Rosmarin Rindfleisch Chuck Roast	160
Schweinekoteletts und Tomatensauce	162
Hühnchen mit Kapernsauce	163
Putenburger mit Mango-Salsa	165
In Kräutern gebratene Putenbrust	167

Hühnerwurst und Paprika 169

Hühnchen Piccata 171

Toskanisches Hühnchen in einer Pfanne.. 173

Huhn Kapama 175

Mit Spinat und Feta gefüllte Hähnchenbrust 177

Rosmarin gebackene Hähnchenkeulen... 179

Hühnchen mit Zwiebeln, Kartoffeln, Feigen und Karotten 179

Chicken Gyros mit Tzatziki... 181

Moussaka 183

Schweinefilet aus Dijon und Kräutern.. 185

Steak mit Rotwein-Pilzsauce 187

Griechische Fleischbällchen... 190

Lamm mit Bohnen... 192

Hühnchen in Tomaten-Balsamico-Pfannensauce............................... 194

Brauner Reis, Feta, frische Erbsen und Minzsalat 196

Vollkorn-Pitabrot gefüllt mit Oliven und Kichererbsen....................... 198

Geröstete Karotten mit Walnüssen und Cannellini-Bohnen 200

Gewürztes Butterhuhn.. 202

Doppeltes käsiges Speckhuhn 204

Garnelen mit Zitrone und Pfeffer 206

Panierter und gewürzter Heilbutt.. 208

Currylachs mit Senf... 210

Walnuss-Rosmarin-Lachs 211

Schnelle Tomatenspaghetti... 213

Chili Oregano gebackener Käse ....**Errore. Il segnalibro non è definito.**

311. Knuspriges italienisches Hühnchen................**Errore. Il segnalibro non è definito.**

Mit Knoblauch geröstete Tomaten und Oliven

Vorbereitungszeit: 5 Minuten

Kochzeit : 20 Minuten

Portionen: 6

Schwierigkeitsgrad: Leicht

ZUTATEN:

- 2 Tassen Kirschtomaten
- 4 Knoblauchzehen, grob gehackt
- ½ rote Zwiebel, grob gehackt
- 1 Tasse schwarze Oliven
- 1 Tasse grüne Oliven
- 1 Esslöffel frisches Basilikum, gehackt
- 1 Esslöffel frischer Oregano, gehackt
- 2 Esslöffel Olivenöl
- ¼ bis ½ Teelöffel Salz

Richtungen:

Die Heißluftfritteuse auf 380°F vorheizen. In einer großen Schüssel alle Zutaten vermengen und so vermengen, dass die Tomaten und Oliven gut mit dem Olivenöl und den Kräutern bedeckt sind.

Gießen Sie die Mischung in den Heißluftfritteusekorb und braten Sie sie 10 Minuten lang. Rühren Sie die Mischung gut um und rösten Sie dann weitere

10 Minuten weiter. Aus der Heißluftfritteuse nehmen, in eine Servierschüssel geben und genießen.

Ernährung (für 100g): 109 Kalorien 10 g Fett 5 g Kohlenhydrate 1 g Protein 647 mg Natrium

Ziegenkäse und Knoblauch Crostini

Zubereitungszeit: 3 Minuten

Kochzeit : 5 Minuten

Portionen: 4

Schwierigkeitsgrad : Durchschnitt

ZUTATEN:

- 1 Vollkornbaguette
- ¼ Tasse Olivenöl
- 2 Knoblauchzehen, gehackt
- 4 Unzen Ziegenkäse
- 2 EL frisches Basilikum, gehackt

Richtungen:

Die Heißluftfritteuse auf 380°F vorheizen. Das Baguette in ½ cm dicke Scheiben schneiden. In einer kleinen Schüssel Olivenöl und Knoblauch vermischen und dann eine Seite jeder Brotscheibe damit bestreichen.

Legen Sie das mit Olivenöl überzogene Brot in einer einzigen Schicht in den Heißluftfritteusenkorb und backen Sie es 5 Minuten lang. In der Zwischenzeit Ziegenkäse und Basilikum mischen. Nehmen Sie den Toast aus der Heißluftfritteuse, verteilen Sie dann eine dünne Schicht der Ziegenkäsemischung auf jedem Stück und servieren Sie es.

Ernährung (für 100g): 365 Kalorien 21 g Fett 10 g Kohlenhydrate 12 g Protein 804 mg Natrium

Rosmarin-geröstete rote Kartoffeln

Vorbereitungszeit: 5 Minuten

Kochzeit : 20 Minuten

Portionen: 6

Schwierigkeitsgrad: Leicht

ZUTATEN:

- 1 Pfund rote Kartoffeln, geviertelt
- ¼ Tasse Olivenöl
- ½ Teelöffel koscheres Salz
- ¼ Teelöffel schwarzer Pfeffer
- 1 Knoblauchzehe, gehackt
- 4 Rosmarinzweige

Richtungen:

Heizen Sie die Heißluftfritteuse auf 360 °F vor.

In einer großen Schüssel die Kartoffeln mit Olivenöl, Salz, Pfeffer und Knoblauch vermengen, bis sie gut bedeckt sind. Füllen Sie den Fritteusenkorb mit Kartoffeln und belegen Sie die Rosmarinzweige.

10 Minuten rösten, dann die Kartoffeln umrühren oder schwenken und weitere 10 Minuten rösten. Rosmarinzweige entfernen und Kartoffeln servieren. Gut würzen.

Ernährung (für 100g): 133 Kalorien 9g Fett 5g Kohlenhydrate 1g Protein 617mg Natrium

Avocado-Eier-Rührei

Zubereitungszeit: 8 Minuten

Kochzeit : 15 Minuten

Portionen: 4

Schwierigkeitsgrad : Durchschnitt

ZUTATEN:

- 4 Eier, geschlagen
- 1 weiße Zwiebel, gewürfelt
- 1 Esslöffel Avocadoöl
- 1 Avocado, fein gehackt
- ½ Teelöffel Chiliflocken
- 1 Unze Cheddar-Käse, zerkleinert
- ½ Teelöffel Salz
- 1 Esslöffel frische Petersilie

Richtungen:

Avocadoöl in die Pfanne geben und aufkochen. Dann die gewürfelte Zwiebel dazugeben und rösten, bis sie hellbraun ist. In der Zwischenzeit Chiliflocken, geschlagene Eier und Salz vermischen.

Füllen Sie die Eiermischung über die gekochte Zwiebel und kochen Sie die Mischung 1 Minute bei mittlerer Hitze. Danach die Eier mit Hilfe der Gabel oder des Spatels gut durchrühren. Kochen Sie die Eier, bis sie fest, aber weich sind.

Danach gehackte Avocado und geriebenen Käse hinzufügen. Rühren Sie das Rührei gut um und geben Sie es auf die Servierplatten. Die Mahlzeit mit frischer Petersilie bestreuen.

Ernährung (für 100g): 236 Kalorien 20 g Fett 4 g Kohlenhydrate 8,6 g Protein 804 mg Natrium

Morgen Tostadas

Zubereitungszeit: 15 Minuten

Kochzeit : 6 Minuten

Portionen: 6

Schwierigkeitsgrad: Schwer D

ZUTATEN:

- ½ weiße Zwiebel, gewürfelt
- 1 Tomate, gehackt
- 1 Gurke, gehackt
- 1 Esslöffel frischer Koriander, gehackt
- ½ Jalapenopfeffer, gehackt
- 1 Esslöffel Limettensaft
- 6 Maistortillas
- 1 Esslöffel Rapsöl
- 2 Unzen Cheddar-Käse, zerkleinert
- ½ Tasse weiße Bohnen, aus der Dose, abgetropft
- 6 Eier
- ½ Teelöffel Butter
- ½ Teelöffel Meersalz

Richtungen:

Pico de Galo zubereiten: In der Salatschüssel gewürfelte weiße Zwiebel, Tomate, Gurke, frischen Koriander und Jalapenopfeffer vermischen. Dann Limettensaft und einen halben Esslöffel Rapsöl hinzufügen. Mischen Sie die Mischung gut. Pico de Galo wird gekocht. Danach den Ofen auf 390F vorheizen. Das Blech mit Backpapier auslegen. Die Maistortillas auf dem Backpapier anrichten und von beiden Seiten mit restlichem Rapsöl bestreichen. Backen Sie die Tortillas, bis sie knusprig werden. Die gekochten knusprigen Tortillas gut kühlen. Währenddessen die Butter in die Pfanne geben.

Die Eier in der geschmolzenen Butter aufschlagen und mit Meersalz bestreuen. Die Eier braten, bis das Eiweiß weiß wird (gekocht). Etwa 3-5 Minuten bei mittlerer Hitze. Danach die Bohnen zerdrücken, bis Sie eine Püree-Textur erhalten. Das Bohnenpüree auf den Maistortillas verteilen. Spiegeleier hinzufügen. Dann die Eier mit Pico de Galo und geriebenem Cheddar-Käse belegen.

Ernährung (für 100g): 246 Kalorien 11 g Fett 4,7 g Kohlenhydrate 13,7 g Protein 593 mg Natrium

Parmesanomelett

Vorbereitungszeit: 5 Minuten

Kochzeit : 10 Minuten

Portionen: 2

Schwierigkeitsgrad: Leicht

ZUTATEN:

- 1 Esslöffel Frischkäse
- 2 Eier, geschlagen
- ¼ Teelöffel Paprika
- ½ Teelöffel getrockneter Oregano
- ¼ Teelöffel getrockneter Dill
- 1 oz Parmesan, gerieben
- 1 Teelöffel Kokosöl

Richtungen:

Frischkäse mit Eiern, getrocknetem Oregano und Dill verrühren. Gießen Sie Kokosöl in die Pfanne und erhitzen Sie es, bis es die gesamte Pfanne bedeckt. Dann die Pfanne mit der Eimasse füllen und flach drücken. Geriebenen Parmesan dazugeben und Deckel schließen. Omelett 10 Minuten bei schwacher Hitze kochen. Anschließend das gekochte Omelett in die Servierplatte geben und mit Paprika bestreuen.

Ernährung (für 100g): 148 Kalorien 11,5 g Fett 0,3 g Kohlenhydrate 10,6 g Protein 741 mg Natrium

Wassermelonenpizza

Zubereitungszeit: 10 Minuten

Kochzeit : 0 Minuten

Portionen: 2

Schwierigkeitsgrad: Leicht

ZUTATEN:

- 9 Unzen Wassermelonenscheibe
- 1 Esslöffel Granatapfelsauce
- 2 Unzen Feta-Käse, zerbröckelt
- 1 Esslöffel frischer Koriander, gehackt

Richtungen:

Die Wassermelonenscheibe in den Teller legen und mit zerbröckeltem Feta-Käse bestreuen. Fügen Sie frischen Koriander hinzu. Anschließend die Pizza großzügig mit Granatapfelsaft beträufeln. Schneiden Sie die Pizza in die Portionen.

Ernährung (für 100g): 143 Kalorien 6,2 g Fett 0,6 g Kohlenhydrate 5,1 g Protein 811 mg Natrium

Herzhafte Muffins

Zubereitungszeit: 10 Minuten

Kochzeit : 15 Minuten

Portionen: 4

Schwierigkeitsgrad : Durchschnitt

Zutaten:

- 3 Unzen Schinken, gehackt
- 4 Eier, geschlagen
- 2 Esslöffel Kokosmehl
- ½ Teelöffel getrockneter Oregano
- ¼ Teelöffel getrockneter Koriander
- Kochspray

Richtungen:

Die Muffinsformen von innen mit Kochspray einsprühen. In der Schüssel geschlagene Eier, Kokosmehl, getrockneten Oregano, Koriander und Schinken vermischen. Wenn die Flüssigkeit homogen ist, gießen Sie sie in die vorbereiteten Muffinformen.

Backen Sie die Muffins für 15 Minuten bei 360 ° F. Die gekochte Mahlzeit gut kühlen und erst danach aus den Förmchen nehmen.

Ernährung (für 100g): 128 Kalorien 7,2 g Fett 2,9 g Kohlenhydrate 10,1 g Protein 882 mg Natrium

Morgenpizza mit Sprossen

Zubereitungszeit: 15 Minuten

Kochzeit : 20 Minuten

Portionen: 6

Schwierigkeitsgrad : Durchschnitt

Zutaten :

- ½ Tasse Weizenmehl, Vollkorn
- 2 Esslöffel Butter, weich
- ¼ Teelöffel Backpulver
- ¾ Teelöffel Salz
- 5 Unzen Hühnerfilet, gekocht
- 2 Unzen Cheddar-Käse, zerkleinert
- 1 Teelöffel Tomatensauce
- 1 Unze Sojasprossen

Richtungen :

Pizzaboden herstellen: Weizenmehl, Butter, Backpulver und Salz vermischen. Den weichen und nicht klebrigen Teig kneten. Bei Bedarf mehr Weizenmehl hinzufügen. Den Teig 10 Minuten abkühlen lassen.
Anschließend den Teig auf das Backpapier legen. Mit dem zweiten Backpapierblatt abdecken.

Rollen Sie den Teig mit Hilfe des Nudelholzes auf, um die runde Pizzakruste zu erhalten. Danach das obere Backpapierblatt entfernen. Übertragen Sie die Pizzakruste in das Tablett.

Die Kruste mit Tomatensauce bestreichen. Dann das Hähnchenfilet zerkleinern und auf dem Pizzaboden anrichten. Geriebenen Cheddar-Käse hinzufügen. Pizza 20 Minuten bei 355F backen. Dann die fertige Pizza mit Sojasprossen belegen und in Portionen schneiden.

Ernährung (für 100g): 157 Kalorien 8,8 g Fett 0,3 g Kohlenhydrate 10,5 g Protein 753 mg Natrium

Bananen-Quinoa

Zubereitungszeit: 10 Minuten

Kochzeit : 12 Minuten

Portionen: 4

Schwierigkeitsgrad: Leicht

ZUTATEN:

- 1 Tasse Quinoa
- 2 Tassen Milch
- 1 Teelöffel Vanilleextrakt
- 1 Teelöffel Honig
- 2 Bananen, in Scheiben geschnitten
- ¼ Teelöffel gemahlener Zimt

Richtungen:

Milch in den Topf geben und Quinoa dazugeben. Schließen Sie den Deckel und kochen Sie es bei mittlerer Hitze 12 Minuten lang oder bis Quinoa die gesamte Flüssigkeit aufnimmt. Anschließend die Quinoa 10-15 Minuten kalt stellen und in die Serviergläser geben.

Honig, Vanilleextrakt und gemahlenen Zimt hinzufügen. Gut umrühren. Quinoa mit Banane belegen und vor dem Servieren umrühren.

Ernährung (für 100g): 279 Kalorien 5,3 g Fett 4,6 g Kohlenhydrate 10,7 g Protein 581 mg Natrium

Eierauflauf mit Paprika

Zubereitungszeit: 10 Minuten

Kochzeit : 28 Minuten

Portionen: 4

Schwierigkeitsgrad : Durchschnitt

Zutaten:

- 2 Eier, geschlagen
- 1 rote Paprika, gehackt
- 1 Chilischote, gehackt
- ½ rote Zwiebel, gewürfelt
- 1 Teelöffel Rapsöl
- ½ Teelöffel Salz
- 1 Teelöffel Paprika
- 1 Esslöffel frischer Koriander, gehackt
- 1 Knoblauchzehe, gewürfelt
- 1 Teelöffel Butter, weich
- ¼ Teelöffel Chiliflocken

Richtungen:

Die Auflaufform mit Rapsöl bestreichen und geschlagene Eier hineingießen. Danach die Butter in die Pfanne geben und bei mittlerer Hitze schmelzen. Chilischote und rote Paprika hinzufügen.

Danach rote Zwiebel hinzufügen und das Gemüse 7-8 Minuten bei mittlerer Hitze kochen. Rühren Sie sie von Zeit zu Zeit um. Das Gemüse in die Auflaufform geben.

Salz, Paprika, Koriander, Knoblauchwürfel und Chiliflocken hinzufügen. Mit einem Spatel leicht umrühren, bis eine homogene Mischung entsteht. Den Auflauf 20 Minuten bei 355F im Ofen backen. Anschließend die Mahlzeit gut kühlen und in Portionen schneiden. Den Auflauf mit Hilfe des Spatels in die Servierplatten geben.

Ernährung (für 100g): 68 Kalorien 4,5 g Fett 1 g Kohlenhydrate 3,4 g Protein 882 mg Natrium

Blumenkohlkrapfen

Zubereitungszeit: 10 Minuten

Kochzeit : 10 Minuten

Portionen: 2

Schwierigkeitsgrad: Leicht

ZUTATEN :

- 1 Tasse Blumenkohl, zerkleinert
- 1 Ei, geschlagen
- 1 Esslöffel Weizenmehl, Vollkorn
- 1 oz Parmesan, gerieben
- ½ Teelöffel gemahlener schwarzer Pfeffer
- 1 Esslöffel Rapsöl

Richtungen:

In der Rührschüssel zerkleinerten Blumenkohl und Ei vermischen. Fügen Sie Weizenmehl, geriebenen Parmesan und gemahlenen schwarzen Pfeffer hinzu. Rühren Sie die Mischung mit Hilfe der Gabel, bis sie homogen und glatt ist.

Gießen Sie Rapsöl in die Pfanne und bringen Sie es zum Kochen. Aus der Blumenkohlmischung mit Hilfe der Fingerkuppen Krapfen formen oder Löffel verwenden und in das heiße Öl geben. Die Krapfen 4 Minuten von jeder Seite bei mittlerer Hitze braten.

Ernährung (für 100g): 167 Kalorien 12,3 g Fett 1,5 g Kohlenhydrate 8,8 g Protein 705 mg Natrium

Cremige Haferflocken mit Feigen

Zubereitungszeit: 10 Minuten

Kochzeit : 20 Minuten

Portionen: 5

Schwierigkeitsgrad: Leicht

ZUTATEN:

- 2 Tassen Haferflocken
- 1 ½ Tasse Milch
- 1 Esslöffel Butter
- 3 Feigen, gehackt
- 1 Esslöffel Honig

Richtungen:

Milch in den Topf geben. Haferflocken hinzufügen und den Deckel schließen. Die Haferflocken 15 Minuten bei mittlerer Hitze kochen. Dann gehackte Feigen und Honig hinzufügen.

Butter hinzufügen und die Haferflocken gut vermischen. Kochen Sie es für weitere 5 Minuten. Schließen Sie den Deckel und lassen Sie das gekochte Frühstück 10 Minuten ruhen, bevor Sie es servieren.

Ernährung (für 100g): 222 Kalorien 6 g Fett 4,4 g Kohlenhydrate 7,1 g Protein 822 mg Natrium

Gebackene Haferflocken mit Zimt

Zubereitungszeit: 10 Minuten

Kochzeit : 25 Minuten

Portionen: 4

Schwierigkeitsgrad: Leicht

ZUTATEN:

- 1 Tasse Haferflocken
- 1/3 Tasse Milch
- 1 Birne, gehackt
- 1 Teelöffel Vanilleextrakt
- 1 Esslöffel Splenda
- 1 Teelöffel Butter
- ½ Teelöffel gemahlener Zimt
- 1 Ei, geschlagen

Richtungen:

In der großen Schüssel Haferflocken, Milch, Ei, Vanilleextrakt, Splenda und gemahlenen Zimt vermischen. Butter schmelzen und in die Haferflocken-Mischung geben. Dann gehackte Birne dazugeben und gut verrühren.

Die Haferflocken-Mischung in die Auflaufform geben und leicht flach drücken. Decken Sie es mit der Folie ab und sichern Sie die Kanten. Backen Sie die Haferflocken für 25 Minuten bei 350F.

Ernährung (für 100g): 151 Kalorien 3,9 g Fett 3,3 g Kohlenhydrate 4,9 g Protein 753 mg Natrium

Mandel-Chia-Porridge

Zubereitungszeit: 10 Minuten

Kochzeit : 30 Minuten

Portionen: 4

Schwierigkeitsgrad: Leicht

ZUTATEN:

- 3 Tassen Bio-Mandelmilch
- 1/3 Tasse Chiasamen, getrocknet
- 1 Teelöffel Vanilleextrakt
- 1 Esslöffel Honig
- ¼ Teelöffel gemahlener Kardamom

Richtungen:

Mandelmilch in den Topf geben und aufkochen. Dann die Mandelmilch auf Raumtemperatur abkühlen lassen (oder ca. 10-15 Minuten). Vanilleextrakt, Honig und gemahlenen Kardamom hinzufügen. Gut umrühren. Danach Chiasamen hinzufügen und erneut umrühren. Schließen Sie den Deckel und lassen Sie die Chiasamen 20-25 Minuten einweichen. Den gekochten Brei in die Servierförmchen geben.

Ernährung (für 100g): 150 Kalorien 7,3 g Fett 6,1 g Kohlenhydrate 3,7 g Protein 836 mg Natrium

Kakao-Haferflocken

Zubereitungszeit: 10 Minuten

Kochzeit : 15 Minuten

Portionen: 2

Schwierigkeitsgrad: Leicht

ZUTATEN:

- 1 ½ Tasse Haferflocken
- 1 Esslöffel Kakaopulver
- ½ Tasse Sahne
- ¼ Tasse Wasser
- 1 Teelöffel Vanilleextrakt
- 1 Esslöffel Butter
- 2 Esslöffel Splenda

Richtungen :

Haferflocken mit Kakaopulver und Splenda vermischen. Übertragen Sie die Mischung in den Topf. Vanilleextrakt, Wasser und Sahne hinzufügen. Rühren Sie es vorsichtig mit Hilfe des Spatels.

Schließen Sie den Deckel und kochen Sie es 10-15 Minuten bei mittlerer Hitze. Die gekochten Kakao-Haferflocken vom Herd nehmen und Butter hinzufügen. Rühren Sie es gut um.

Ernährung (für 100g): 230 Kalorien 10,6 g Fett 3,5 g Kohlenhydrate 4,6 g Protein 691 mg Natrium

Zimtschnecken Hafer

Zubereitungszeit: 7 Minuten

Kochzeit : 10 Minuten

Portionen: 4

Schwierigkeitsgrad: Leicht

ZUTATEN:

- ½ Tasse Haferflocken
- 1 Tasse Milch
- 1 Teelöffel Vanilleextrakt
- 1 Teelöffel gemahlener Zimt
- 2 Teelöffel Honig
- 2 Esslöffel Naturjoghurt
- 1 Teelöffel Butter

Richtungen:

Milch in den Topf geben und zum Kochen bringen. Haferflocken dazugeben und gut verrühren. Den Deckel schließen und die Haferflocken 5 Minuten bei mittlerer Hitze köcheln lassen. Der gekochte Hafer nimmt die gesamte Milch auf.

Dann Butter hinzufügen und die Haferflocken gut verrühren. In der separaten Schüssel Naturjoghurt mit Honig, Zimt und Vanilleextrakt verquirlen. Übertragen Sie die gekochten Haferflocken in die Servierschüsseln. Die Haferflocken mit der Joghurtmischung in Form eines Rades belegen.

Ernährung (für 100g): 243 Kalorien 20,2 g Fett 1 g Kohlenhydrate 13,3 g Protein 697 mg Natrium

Kürbis-Haferflocken mit Gewürzen

Zubereitungszeit: 10 Minuten

Kochzeit : 13 Minuten

Portionen: 6

Schwierigkeitsgrad: Leicht

ZUTATEN :

- 2 Tassen Haferflocken
- 1 Tasse Kokosmilch
- 1 Tasse Milch
- 1 Teelöffel Kürbiskuchengewürze
- 2 Esslöffel Kürbispüree
- 1 Esslöffel Honig
- ½ Teelöffel Butter

Richtungen:

Kokosmilch und Milch in den Topf geben. Butter hinzufügen und die Flüssigkeit zum Kochen bringen. Haferflocken hinzufügen, mit Hilfe eines Löffels gut umrühren und den Deckel schließen.

Die Haferflocken 7 Minuten bei mittlerer Hitze köcheln lassen. In der Zwischenzeit Honig, Kürbiskuchengewürze und Kürbispüree vermischen. Wenn die Haferflocken gekocht sind, fügen Sie die Kürbispüree-Mischung hinzu und rühren Sie gut um. Übertragen Sie das warme Frühstück in die Servierplatten.

Ernährung (für 100g): 232 Kalorien 12,5 g Fett 3,8 g Kohlenhydrate 5,9 g Protein 708 mg Natrium

Geschmorte Zimtäpfel mit Datteln

Zubereitungszeit: 15 Minuten

Kochzeit : 10 Minuten

Portionen: 6

Schwierigkeitsgrad: Leicht

ZUTATEN:

- 4 große Pink Lady Äpfel
- ½ Tasse Wasser
- ¼ Tasse gehackte entkernte Datteln
- 1 Teelöffel gemahlener Zimt
- ¼ Teelöffel Vanilleextrakt
- 1 Teelöffel ungesalzene Butter

Richtungen:

Geben Sie Äpfel, Wasser, Datteln und Zimt in den Instant Pot®. Schließen, Dampf ablassen, Manuell-Taste drücken und den Timer auf 3 Minuten stellen.

Wenn der Alarm ertönt, lassen Sie den Druck schnell ab, bis sich das Schwimmerventil setzt. Klicken Sie auf die Schaltfläche Abbrechen und öffnen Sie den Deckel. Vanille und Butter einrühren. Heiß oder gekühlt servieren.

Ernährung (für 100g): 111 Kalorien 2 g Fett 6 g Kohlenhydrate 1 g Protein 411 mg Natrium

Gewürzte pochierte Birnen

Zubereitungszeit: 10 Minuten

Kochzeit : 15 Minuten

Portionen: 4

Schwierigkeitsgrad: Leicht

ZUTATEN:

- 2 Tassen Wasser
- 2 Tassen Rotwein
- ¼ Tasse Honig
- 4 ganze Nelken
- 2 Zimtstangen
- 1-Stern-Anis
- 1 Teelöffel Vanilleschotenpaste
- 4 Bartlett Birnen, geschält

Richtungen:

Alle Elemente in den Instant Pot® geben und mischen. Abdecken, Dampfablass auf Versiegeln stellen, Manual Instant Pot® drücken. Rühren, um zu paaren. Schließen Sie den Deckel, lassen Sie den Dampf ablassen, klicken Sie auf die Manual-Taste und den Alarm auf 3 Minuten.

Wenn der Timer piept, lassen Sie den Druck schnell ab, bis das Schwimmerventil sinkt. Wählen Sie Abbrechen und öffnen. Birnen auf einen Teller nehmen und 5 Minuten abkühlen lassen. Warm servieren.

Ernährung (für 100g): 194 Kalorien 5g Fett 4g Kohlenhydrate 1g Protein 366mg Natrium

Cranberry - Apfelsoße

Zubereitungszeit: 10 Minuten

Kochzeit : 20 Minuten

Portionen: 8

Schwierigkeitsgrad: Leicht

ZUTATEN:

- 1 Tasse ganze Preiselbeeren
- 4 mittelgroße säuerliche Äpfel, geschält, entkernt und gerieben
- 4 mittelsüße Äpfel, geschält, entkernt und gerieben
- 1½ Esslöffel geriebene Orangenschale
- ¼ Tasse Orangensaft
- ¼ Tasse dunkelbrauner Zucker
- ¼ Tasse Kristallzucker
- 1 Esslöffel ungesalzene Butter
- 2 Teelöffel gemahlener Zimt
- ½ Teelöffel gemahlene Nelken
- ¼ Teelöffel gemahlener schwarzer Pfeffer
- 1/8 Teelöffel Salz
- 1 Esslöffel Zitronensaft

Richtungen:

Geben Sie alle Zutaten in den Instant Pot®. Versiegeln Sie dann, stellen Sie die manuelle Taste und die Zeit auf 5 Minuten ein. Wenn der Timer piept, lassen Sie den Druck auf natürliche Weise ablassen, etwa 25 Minuten. Öffne den Deckel. Früchte mit einer Gabel leicht zerdrücken. Gut umrühren. Warm oder kalt servieren.

Ernährung (für 100g): 136 Kalorien 4g Fett 3g Kohlenhydrate 9g Protein 299mg Natrium

Blaubeerkompott

Zubereitungszeit: 10 Minuten

Kochzeit : 0 Minuten

Portionen: 8

Schwierigkeitsgrad : Durchschnitt

ZUTATEN:

- 1 (16-Unzen) Beutel gefrorene Blaubeeren, aufgetaut
- ¼ Tasse Zucker
- 1 Esslöffel Zitronensaft
- 2 Esslöffel Maisstärke
- 2 Esslöffel Wasser
- ¼ Teelöffel Vanilleextrakt
- ¼ Teelöffel abgeriebene Zitronenschale

Richtungen:

Blaubeeren, Zucker und Zitronensaft in den Instant Pot® geben. Bedecken und drücken Sie die Manual-Taste und stellen Sie die Zeit auf 1 Minute ein.

Wenn der Timer piept, den Druck stark ablassen, bis das Schwimmerventil fällt. Drücken Sie die Schaltfläche Abbrechen und öffnen Sie sie.

Drücken Sie die Sauté-Taste. Maisstärke und Wasser mischen. In die Blaubeermischung einrühren und kochen, bis die Mischung kocht und eindickt, etwa 3–4 Minuten. Drücken Sie die Abbrechen-Taste und rühren Sie Vanille und Zitronenschale ein. Sofort servieren oder bis zum Servieren in den Kühlschrank stellen.

Ernährung (für 100g): 57 Kalorien 2 g Fett 14 g Kohlenhydrate 7 g Protein 348 mg Natrium

Trockenfrüchtekompott

Vorbereitungszeit: 5 Minuten

Kochzeit : 20 Minuten

Portionen: 6

Schwierigkeitsgrad : Durchschnitt

ZUTATEN:

- 8 Unzen getrocknete Aprikosen, geviertelt
- 8 Unzen getrocknete Pfirsiche, geviertelt
- 1 Tasse goldene Rosinen
- 1½ Tassen Orangensaft
- 1 Zimtstange
- 4 ganze Nelken

Richtungen:

Umrühren, um zu verschmelzen. Schließen Sie, wählen Sie die Schaltfläche Manuell und stellen Sie die Zeit auf 3 Minuten ein. Wenn der Timer piept, lassen Sie den Druck auf natürliche Weise ablassen, etwa 20 Minuten. Drücken Sie die Abbrechen-Taste und öffnen Sie den Deckel.

Zimtstange und Nelken entfernen und entsorgen. Drücken Sie die Sauté-Taste und lassen Sie sie 5–6 Minuten köcheln. Warm servieren, dann abdecken und bis zu einer Woche in den Kühlschrank stellen.

Ernährung (für 100g): 258 Kalorien 5g Fett 8g Kohlenhydrate 4g Protein 277mg Natrium

Schokoladenreis

Zubereitungszeit: 10 Minuten

Kochzeit : 20 Minuten

Portionen: 6

Schwierigkeitsgrad: Leicht

ZUTATEN:

- 2 Tassen Mandelmilch
- 1 Tasse brauner Langkornreis
- 2 Esslöffel in den Niederlanden verarbeitetes Kakaopulver
- ¼ Tasse Ahornsirup
- 1 Teelöffel Vanilleextrakt
- ½ Tasse gehackte dunkle Schokolade

Richtungen:

Mandelmilch, Reis, Kakao, Ahornsirup und Vanille in den Instant Pot® geben. Schließen Sie dann die Schaltfläche Manuell und stellen Sie die Zeit auf 20 Minuten ein. Wenn der Timer piept, lassen Sie den Druck 15 Minuten lang auf natürliche Weise ablassen und lassen Sie dann den Restdruck schnell ab. Drücken Sie die Abbrechen-Taste und öffnen Sie den Deckel. Warm servieren, mit Schokolade bestreut.

Ernährung (für 100g): 271 Kalorien 8g Fett 4g Kohlenhydrate 3g Protein 360mg Natrium

Fruchtkompott

Zubereitungszeit: 10 Minuten

Kochzeit : 15 Minuten

Portionen: 6

Schwierigkeitsgrad : Durchschnitt

ZUTATEN:

- 1 Tasse Apfelsaft
- 1 Tasse trockener Weißwein
- 2 Esslöffel Honig
- 1 Zimtstange
- ¼ Teelöffel gemahlene Muskatnuss
- 1 Esslöffel abgeriebene Zitronenschale
- 1½ Esslöffel geriebene Orangenschale
- 3 große Äpfel, geschält, entkernt und gehackt
- 3 große Birnen, geschält, entkernt und gehackt
- ½ Tasse getrocknete Kirschen

Richtungen:

Alle Zutaten in den Instant Pot® geben und gut verrühren. Schließen Sie die Schaltfläche Manuell und wählen Sie sie aus und lassen Sie sie 1 Minute ruhen. Wenn der Timer piept, lassen Sie den Druck schnell ab, bis das Schwimmerventil den Boden berührt. Klicken Sie auf Abbrechen und öffnen Sie dann den Deckel.

Verwenden Sie einen Schaumlöffel, um Obst in eine Servierschüssel zu geben. Zimtstange entfernen und entsorgen. Drücken Sie die Sauté-Taste und bringen Sie den Saft im Topf zum Kochen. Unter ständigem Rühren kochen, bis ein Sirup entstanden ist, der die Rückseite eines Löffels bedeckt, etwa 10 Minuten.

Sirup unter die Fruchtmischung rühren. Nach dem Abkühlen leicht in Plastik einwickeln und über Nacht kalt stellen.

Ernährung (für 100g): 211 Kalorien 1g Fett 4g Kohlenhydrate 2g Protein 208mg Natrium

Gefüllte Äpfel

Zubereitungszeit: 10 Minuten

Kochzeit : 15 Minuten

Portionen: 6

Schwierigkeitsgrad: Schwer D

ZUTATEN:

- ½ Tasse Apfelsaft
- ¼ Tasse goldene Rosinen
- ¼ Tasse gehackte geröstete Walnüsse
- 2 Esslöffel Zucker
- ½ Teelöffel geriebene Orangenschale
- ½ Teelöffel gemahlener Zimt
- 4 große Kochäpfel
- 4 Teelöffel ungesalzene Butter
- 1 Tasse Wasser

Richtungen:

Apfelsaft in einen mikrowellengeeigneten Behälter geben; 1 Minute auf höchster Stufe erhitzen oder bis sie dampft und heiß ist. Rosinen darübergießen. Rosinen 30 Minuten einweichen. Abgießen, Apfelsaft auffangen. Nüsse, Zucker, Orangenschale und Zimt zu den Rosinen geben und umrühren.

Von jedem Apfel das obere Viertel abschneiden. Die geschnittene Portion schälen und hacken, dann gewürfelte Apfelstücke in die Rosinenmischung rühren. Die Äpfel aushöhlen und entkernen, indem man sie bis zum Boden, aber nicht durchschneidet.

Legen Sie jeden Apfel auf ein Stück Aluminiumfolie, das groß genug ist, um den Apfel vollständig einzuwickeln. Apfelkerne mit Rosinenmischung füllen.

Jeweils mit 1 TL Butter bestreichen. Decken Sie jeden Apfel mit der Folie ab, falten Sie die Folie oben um und drücken Sie sie dann fest zusammen.

Rühren Sie Wasser in den Instant Pot® und stellen Sie das Gestell hinein. Äpfel auf den Rost legen. Schließen Sie den Deckel, stellen Sie die Dampffreigabe auf Versiegeln, drücken Sie auf Manuell und den Alarm auf 10 Minuten.

Wenn der Timer piept, lassen Sie den Druck schnell ab, bis das Schwimmerventil abfällt und öffnen Sie den Deckel. Äpfel vorsichtig aus dem Instant Pot® heben. Auspacken und auf Teller übertragen. Heiß, bei Zimmertemperatur oder kalt servieren.

Ernährung (für 100g): 432 Kalorien 16 g Fett 6 g Kohlenhydrate 3 g Protein 361 mg Natrium

In Zimt gedünstete getrocknete Pflaumen mit griechischem Joghurt

Zubereitungszeit: 10 Minuten

Kochzeit : 15 Minuten

Portionen: 6

Schwierigkeitsgrad: Leicht

ZUTATEN:

- 3 Tassen getrocknete Pflaumen
- 2 Tassen Wasser
- 2 Esslöffel Zucker
- 2 Zimtstangen
- 3 Tassen fettarmer griechischer Naturjoghurt

Richtungen:

Getrocknete Pflaumen, Wasser, Zucker und Zimt in den Instant Pot® geben. Schließen Sie die Dampffreigabe bis zum Versiegeln, drücken Sie die Manual-Taste und starten Sie die Zeit auf 3 Minuten.

Sobald der Timer piept, lassen Sie den Druck schnell ab. Klicken Sie auf die Schaltfläche Abbrechen und öffnen Sie. Zimtstangen entfernen und entsorgen. Warm über griechischem Joghurt servieren.

Ernährung (für 100g): 301 Kalorien 2g Fett 3g Kohlenhydrate 14g Protein 244mg Natrium

Vanille-pochierte Aprikosen

Zubereitungszeit: 10 Minuten

Kochzeit : 20 Minuten

Portionen: 6

Schwierigkeitsgrad : Durchschnitt

ZUTATEN:

- 1¼ Tassen Wasser
- ¼ Tasse Marsala-Wein
- ¼ Tasse Zucker
- 1 Teelöffel Vanilleschotenpaste
- 8 mittelgroße Aprikosen, halbiert und entkernt

Richtungen:

Alle Stücke in den Instant Pot® geben und gut vermengen. Fest verschließen, klicken Sie auf den Manual Instant Pot®. Umrühren, um zu kombinieren. Schließen Sie den Deckel, stellen Sie die Dampffreigabe auf Versiegeln, drücken Sie die Manual-Taste und stellen Sie die Sekunde auf 1 Minute.

Wenn der Alarm ertönt, lassen Sie den Druck schnell ab, bis das Schwimmerventil abfällt. Stellen Sie den Abbruch ein und öffnen Sie den Deckel. 10 Minuten stehen lassen. Aprikosen vorsichtig mit einem Schaumlöffel aus der Pochierungsflüssigkeit nehmen. Warm oder bei Zimmertemperatur servieren.

Ernährung (für 100g): 62 Kalorien 1g Fett 5g Kohlenhydrate 2g Protein 311mg Natrium

Cremige gewürzte Mandelmilch

Zubereitungszeit: 10 Minuten

Kochzeit : 15 Minuten

Portionen: 6

Schwierigkeitsgrad : Durchschnitt

ZUTATEN:

- 1 Tasse rohe Mandeln
- 5 Tassen gefiltertes Wasser, geteilt
- 1 Teelöffel Vanilleschotenpaste
- ½ Teelöffel Kürbiskuchengewürz

Richtungen:

Rühren Sie Mandeln und 1 Tasse Wasser in den Instant Pot® ein. Schließen und wählen Sie das Handbuch und stellen Sie die Zeit auf 1 Minute ein.

Wenn der Timer alarmiert, lassen Sie den Druck schnell ab, bis das Schwimmerventil abfällt. Klicken Sie auf die Schaltfläche Abbrechen und öffnen Sie die Kappe. Mandeln abseihen und unter kaltem Wasser abspülen. Mit den restlichen 4 Tassen Wasser in einen Hochleistungsmixer geben. 2 Minuten bei hoher Geschwindigkeit pürieren.

Die Mischung in einen Nussmilchbeutel über einer großen Schüssel geben. Beutel zusammendrücken, um die gesamte Flüssigkeit zu extrahieren. Vanille und Kürbiskuchengewürz unterrühren. In ein Einmachglas oder einen versiegelten Krug umfüllen und 8 Stunden kühl stellen. Vor dem Servieren leicht umrühren oder schütteln.

Ernährung (für 100g): 86 Kalorien 8 g Fett 5 g Kohlenhydrate 3 g Protein 259 mg Natrium

Pochierte Birnen mit griechischem Joghurt und Pistazie

Zubereitungszeit: 10 Minuten

Kochzeit : 15 Minuten

Portionen: 8

Schwierigkeitsgrad : Durchschnitt

ZUTATEN:

- 2 Tassen Wasser
- 1¾ Tassen Apfelwein
- ¼ Tasse Zitronensaft
- 1 Zimtstange
- 1 Teelöffel Vanilleschotenpaste
- 4 große Bartlett Birnen, geschält
- 1 Tasse fettarmer griechischer Naturjoghurt
- ½ Tasse ungesalzenes geröstetes Pistazienfleisch

Richtungen:

Wasser, Apfelwein, Zitronensaft, Zimt, Vanille und Birnen in den Instant Pot® geben. Deckel schließen, Dampfablass einstellen, Manuell umschalten und Zeit auf 3 Minuten einstellen.

Wenn der Timer stoppt, lassen Sie den Druck schnell ab, bis das Schwimmerventil sinkt. Wählen Sie die Schaltfläche Abbrechen und öffnen Sie die Kappe. Nehmen Sie die Birnen auf einen Teller und lassen Sie sie auf Raumtemperatur abkühlen.

Zum Servieren Birnen mit einem scharfen Gemüsemesser vorsichtig halbieren und das Kerngehäuse mit einer Melonenkugel aushöhlen.

Birnenhälften auf Dessertteller oder in flache Schalen legen. Mit Joghurt auffüllen und mit Pistazien garnieren. Sofort servieren.

Ernährung (für 100g): 181 Kalorien 7g Fett 5g Kohlenhydrate 7g Protein 253mg Natrium

In Rosenwasser pochierte Pfirsiche

Zubereitungszeit: 10 Minuten

Kochzeit : 20 Minuten

Portionen: 6

Schwierigkeitsgrad : Durchschnitt

ZUTATEN:

- 1 Tasse Wasser
- 1 Tasse Rosenwasser
- ¼ Tasse Wildblumenhonig
- 8 grüne Kardamomkapseln, leicht zerdrückt
- 1 Teelöffel Vanilleschotenpaste
- 6 große gelbe Pfirsiche, entkernt und geviertelt
- ½ Tasse gehacktes ungesalzenes geröstetes Pistazienfleisch

Richtungen:

Wasser, Rosenwasser, Honig, Kardamom und Vanille in den Instant Pot® geben. Gut verquirlen, dann Pfirsiche hinzufügen. Schließen Sie den Deckel, lassen Sie den Dampf bis zur Versiegelung ablaufen, drücken Sie die manuelle Taste und die Weckzeit auf 1 Minute.

Wenn Sie fertig sind, lassen Sie den Druck ab, bis das Schwimmerventil den Boden berührt. Drücken Sie auf Entfernen und öffnen Sie es. Lassen Sie Pfirsiche 10 Minuten stehen. Pfirsiche vorsichtig mit einem Schaumlöffel aus der Pochierungsflüssigkeit nehmen.

Haut von Pfirsichscheiben abziehen. Auf einem Teller anrichten und mit Pistazien garnieren. Warm oder bei Zimmertemperatur servieren.

Ernährung (für 100g): 145 Kalorien 3g Fett 6g Kohlenhydrate 2g Protein 281mg Natrium

Brown Betty Apfeldessert

Zubereitungszeit: 10 Minuten

Kochzeit : 10 Minuten

Portionen :

Schwierigkeitsgrad: Schwer D

ZUTATEN:

- 2 Tassen getrocknete Semmelbrösel
- ½ Tasse) Zucker
- 1 Teelöffel gemahlener Zimt
- 3 Esslöffel Zitronensaft
- 1 Esslöffel abgeriebene Zitronenschale
- 1 Tasse Olivenöl, geteilt
- 8 mittelgroße Äpfel, geschält, entkernt und gewürfelt
- 2 Tassen Wasser

Richtungen:

Kombinieren Sie Krümel, Zucker, Zimt, Zitronensaft, Zitronenschale und ½ Tasse Öl in einer mittelgroßen Rührschüssel. Beiseite legen.

In eine gefettete ofenfeste Form, die locker in Ihren Herd passt, eine dünne Schicht Krümel und dann einen gewürfelten Apfel hinzufügen. Füllen Sie den Behälter weiter abwechselnd mit Krümel und Äpfeln, bis alle Zutaten fertig sind. Gießen Sie die restliche ½ Tasse Öl darüber.

Gießen Sie Wasser in den Instant Pot® und stellen Sie das Gestell hinein. Machen Sie eine Folienschlinge, indem Sie ein langes Stück Folie der Länge nach halbieren und den unbedeckten Behälter mit der Schlinge in den Topf senken.

Versiegeln und drücken Sie die Manual-Taste und stellen Sie die Zeit auf 10 Minuten ein. Wenn der Timer stoppt, lassen Sie den Druck auf natürliche Weise ablassen, etwa 20 Minuten. Drücken Sie die Abbrechen-Taste und öffnen Sie den Deckel. Mit der Schlinge die Auflaufform aus dem Topf nehmen und vor dem Servieren 5 Minuten stehen lassen.

Ernährung (für 100g): 422 Kalorien 27 g Fett 4 g Kohlenhydrate 7 g Protein 355 mg Natrium

Blaubeer-Hafer-Crumble

Zubereitungszeit: 10 Minuten

Kochzeit : 10 Minuten

Portionen: 8

Schwierigkeitsgrad: Schwer D

ZUTATEN:

- 1 Tasse Wasser
- 4 Tassen Blaubeeren
- 2 Esslöffel verpackter hellbrauner Zucker
- 2 Esslöffel Maisstärke
- 1/8 Teelöffel gemahlene Muskatnuss
- 1/3 Tasse Haferflocken
- ¼ Tasse Kristallzucker
- ¼ Tasse Allzweckmehl
- ¼ Teelöffel gemahlener Zimt
- ¼ Tasse ungesalzene Butter, geschmolzen und abgekühlt

Richtungen:

Auflaufform, die in den Instant Pot® passt, mit Antihaft-Kochspray bestreichen. Fügen Sie dem Topf Wasser hinzu und fügen Sie das Gestell hinzu. Ein langes Stück Alufolie der Länge nach halbieren. Folie über das Gestell legen, um eine Schlinge zu bilden.

Kombinieren Sie in einer mittelgroßen Schüssel Blaubeeren, braunen Zucker, Maisstärke und Muskatnuss. Übertragen Sie die Mischung in die vorbereitete Schüssel

In einer separaten mittelgroßen Schüssel Haferflocken, Zucker, Mehl und Zimt hinzufügen. Gut mischen. Butter hinzufügen und mischen, bis die Mischung krümelig ist. Streusel über die Blaubeeren streuen, die Form mit Alufolie abdecken und die Ränder fest zusammendrücken.

Auflaufform in den Topf geben, sodass sie auf der Schlinge liegt und fest verschließen. Schalten Sie die Manual-Taste um und stellen Sie die Zeit auf 10 Minuten ein. Wenn der Timer piept, lassen Sie den Druck 10 Minuten lang auf natürliche Weise ablassen und lassen Sie dann den Restdruck schnell ab, bis das Schwimmerventil abfällt. Drücken Sie die Abbrechen-Taste und öffnen Sie den Deckel. Schüssel mit Schlinge vorsichtig herausnehmen und Folienabdeckung entfernen.

Grill auf höchster Stufe erhitzen. Brösel, bis der Belag goldbraun ist, etwa 5 Minuten. Warm oder bei Zimmertemperatur servieren.

Ernährung (für 100g): 159 Kalorien 6g Fett 3g Kohlenhydrate 2g Protein 477mg Natrium

Dattel- und Walnussplätzchen

Zubereitungszeit: 10 Minuten

Kochzeit : 2 Minuten

Portionen: 30

Schwierigkeitsgrad : Durchschnitt

ZUTATEN:

- 2 Tassen Mehl
- 1/4 Tasse Sauerrahm
- 1/2 Tasse Butter, weich
- 1 1/2 Tassen brauner Zucker
- 1/2 Tasse weißer Zucker
- 1 Ei
- 1 Tasse Datteln, entkernt und gehackt
- 1/3 Tasse Wasser
- 1/4 Tasse Walnüsse, fein gehackt
- 1/2 TL Salz
- 1/2 TL Backpulver
- eine Prise Zimt

Richtungen:

Die Datteln zusammen mit dem weißen Zucker und dem Wasser bei mittlerer Hitze unter ständigem Rühren kochen, bis die Mischung dickflüssig ist wie Marmelade. Die Nüsse dazugeben, umrühren und vom Herd nehmen. Abkühlen lassen.

Geißeln Sie in einer mittelgroßen Schüssel die Butter und den braunen Zucker. Ei und Sauerrahm unterrühren. Das Mehl mit Salz, Natron und Zimt vermischen und unter die Buttermasse rühren. Einen Teelöffel Teig auf ein Backblech geben, 1/4 Teelöffel der Füllung darauf geben und mit einem weiteren 1/2 Teelöffel Teig belegen. Mit dem Rest des Teigs wiederholen. Backen Sie die Kekse etwa 10 Minuten lang in einem auf 340 F vorgeheizten Ofen oder bis sie goldbraun sind.

Ernährung (für 100g): 134 Kalorien 7,9 g Fett 2 g Kohlenhydrate 1,4 g Protein 341 mg Natrium

Marokkanische gefüllte Datteln

Zubereitungszeit: 15 Minuten

Kochzeit : 0 Minuten

Portionen: 30

Schwierigkeitsgrad: Leicht

ZUTATEN:

- 1 Pfund Datteln
- 1 Tasse blanchierte Mandeln
- 1/4 Tasse Zucker
- 1 1/2 EL Orangenblütenwasser
- 1 EL Butter, geschmolzen
- 1/4 Teelöffel Zimt

Richtungen:

Fügen Sie die Mandeln, Zucker und Zimt in einer Küchenmaschine ein. Butter und Orangenblütenwasser einrühren und zu einer glatten Paste verarbeiten. Rollen Sie kleine Stücke Mandelpaste auf die gleiche Länge wie eine Dattel. Nehmen Sie ein Datum, machen Sie einen vertikalen Schnitt und entsorgen Sie die Grube. Ein Stück Mandelpaste einlegen und die Dattelseiten fest andrücken. Mit allen restlichen Datteln und Mandelpaste wiederholen.

Ernährung (für 100g): 102 Kalorien 7 g Fett 5 g Kohlenhydrate 2 g Protein 310 mg Natrium

Feigenkekse

Zubereitungszeit: 10 Minuten

Kochzeit : 15 Minuten

Portionen: 24

Schwierigkeitsgrad : Durchschnitt

ZUTATEN:

- 1 Tasse Mehl
- 1 Ei
- 1/2 Tasse Zucker
- 1/2 Tasse Feigen, gehackt
- 1/2 Tasse Butter
- 1/4 Tasse Wasser
- 1/2 TL Vanilleextrakt
- 1 TL Backpulver
- eine Prise Salz

Richtungen:

Feigen mit Wasser unter Rühren 4-5 Minuten kochen oder bis sie eingedickt sind. Zum Abkühlen beiseite stellen. Butter mit Zucker schaumig schlagen. Ei und Vanille dazugeben und gut verrühren. In einer separaten Schüssel Mehl, Backpulver und Salz vermischen. Diese unter die Eimasse mischen. Die abgekühlten Feigen unterrühren.

Teelöffel Teig auf ein gefettetes Backblech geben. In einem auf 375 Grad F vorgeheizten Ofen backen, bis er leicht gebräunt ist. Kekse herausnehmen und auf Drahtgestellen abkühlen lassen.

Ernährung (für 100g): 111 Kalorien 9 g Fett 5 g Kohlenhydrate 3 g Protein 253 mg Natrium So

Mandelgebäck

Zubereitungszeit: 10 Minuten

Kochzeit : 15 Minuten

Portionen: 30

Schwierigkeitsgrad: Leicht

ZUTAT:

- 1 Tasse Mandeln, blanchiert, geröstet und fein gehackt
- 1 Tasse Puderzucker
- 4 Eiweiß
- 2 EL Mehl
- 1/2 TL Vanilleextrakt
- 1 Prise gemahlener Zimt
- Puderzucker, zum Bestäuben

Richtungen:

Ofen auf 320 F vorheizen. Die Mandeln in einer Küchenmaschine mischen, bis sie fein gehackt sind. Eiweiß und Zucker dick schlagen. Vanilleextrakt und Zimt dazugeben. Mandeln und Mehl vorsichtig unterrühren. Esslöffel der Mischung auf zwei mit Backpapier ausgelegte Backbleche geben. 10 Minuten backen, oder bis sie fest sind. Schalten Sie es aus und lassen Sie die Kekse abkühlen. Mit Puderzucker bestäuben.

Ernährung (für 100g): 106 Kalorien 6 g Fett 7 g Kohlenhydrate 1 g Protein 214 mg Natrium

Türkische Freudenkekse

Vorbereitungszeit: 5 Minuten

Kochzeit : 20 Minuten

Portionen: 48

Schwierigkeitsgrad: Schwer D

ZUTATEN:

- 4 Tassen Mehl
- 3/4 Tasse Zucker
- 1 Tasse Schmalz (oder Butter)
- 3 Eier
- 1 TL Backpulver
- 1 TL Vanilleextrakt
- 8 oz Turkish Delight, gehackt
- Puderzucker, zum Bestäuben

Richtungen:

Bereiten Sie den Ofen auf 375 F vor. Legen Sie Pergamentpapier auf das Backblech. Die Eier gut schlagen und nach und nach Zucker hinzufügen. Mindestens 3 Minuten schlagen. Schmalz schmelzen, abkühlen lassen und langsam mit der Eimasse vermischen.

Mehl und Backpulver vermischen. Die Mehlmischung leicht zur Ei-Schmalz-Mischung geben, bis ein glatter Teig entsteht. Teilen Sie den Teig in zwei oder drei kleinere Kugeln und rollen Sie ihn aus, bis er ¼ Zoll dick ist. Schneiden Sie Quadrate von 3 x 2 Zoll aus. Legen Sie in jedes Quadrat ein Stück Turkish Delight, rollen Sie jeden Keks zu einem Stäbchen und klemmen Sie das Ende zusammen. In einem auf 350 Grad F vorgeheizten Ofen backen, bis er hellrosa ist. Mit Puderzucker bestäuben und vollständig abgekühlt in einem luftdichten Behälter aufbewahren.

Ernährung (für 100g): 109 Kalorien 7 g Fett 5 g Kohlenhydrate 3 g Protein 205 mg Natrium

Anisplätzchen

Zubereitungszeit: 10 Minuten

Kochzeit : 20 Minuten

Portionen: 24

Schwierigkeitsgrad : Durchschnitt

ZUTATEN:

- 1 ½ Tassen Mehl
- 1/3 Tasse Zucker
- 1/3 Tasse Olivenöl
- 1 Ei, verquirlt
- 3 TL Fenchelsamen
- 1 TL Zimt
- Schale einer Orange
- 3 EL Anislikör
- Zucker, zum Bestreuen

Richtungen:

Olivenöl in einer kleinen Pfanne erhitzen und Fenchelsamen 20-30 Sekunden anbraten. In einer großen Schüssel Mehl, Zucker und Zimt mischen. Fügen Sie unter Rühren Olivenöl hinzu, bis alles gut vermischt ist. Orangenschale und Anislikör hinzufügen. Gut vermischen und dann mit den Händen kneten, bis ein glatter Teig entsteht. Bei Bedarf etwas Wasser hinzufügen.

Bilden Sie auf einer gut bemehlten Oberfläche zwei 1-Zoll lange Stämme. 1/8-Zoll-Kekse schneiden, auf gefetteten Backblechen anordnen. Ei jeden

Keks waschen und mit Zucker bestreuen. Kekse in einem auf 350 F vorgeheizten Ofen etwa 10 Minuten backen oder bis sie goldbraun und knusprig sind. Nach dem Abkühlen in einen luftdichten Behälter geben.

Ernährung (für 100g): 113 Kalorien 8 g Fett 5 g Kohlenhydrate 2 g Protein 255 mg Natrium So

Spanischer Nougat

Vorbereitungszeit: 5 Minuten

Kochzeit : 20 Minuten

Portionen: 24

Schwierigkeitsgrad : Durchschnitt

ZUTATEN:

- 1 1/2 Tasse Honig
- 3 Eiweiß
- 1 ¾ Tasse Mandeln, geröstet und gehackt

Richtungen:

Den Honig in einen Topf geben und bei mittlerer Hitze aufkochen, dann abkühlen lassen. Das Eiweiß zu einem dicken, glänzenden Baiser schlagen und unter den Honig heben. Bringen Sie die Mischung wieder auf mittlere Hitze und lassen Sie sie unter ständigem Rühren 15 Minuten köcheln. Wenn sich Farbe und Konsistenz zu dunklem Karamell ändern, vom Herd nehmen, die Mandeln hinzufügen und durchmischen.

Legen Sie Folie in eine 9x13-Zoll-Pfanne und gießen Sie die heiße Mischung darauf. Mit einem weiteren Stück Folie abdecken und glatt streichen. Vollständig abkühlen lassen. Legen Sie ein beschwertes Holzbrett mit einigen schweren Dosen darauf. 3-4 Tage so ruhen lassen, damit es aushärtet und austrocknet. In 1-Zoll-Quadrate schneiden.

Ernährung (für 100g): 110 Kalorien 5 g Fett 7 g Kohlenhydrate 1 g Protein 336 mg Natrium So

Spanische Streuselkuchen

Zubereitungszeit: 10 Minuten

Kochzeit : 25 Minuten

Portionen: 30

Schwierigkeitsgrad: Schwer D

ZUTATEN:

- 2 Tassen Mehl
- 1 Tasse Butter, weich
- 1 Tasse Zucker
- 1 Ei
- 1 TL Zitronenschale
- 1 TL Orangenschale
- 1 EL Orangensaft
- 1/2 Tasse Mandeln, blanchiert und fein gemahlen

Richtungen:

Butter mit Zucker, Zitronen- und Orangenschale hell schlagen. Mit einem Holzlöffel das Mehl einrühren. Gemahlene Mandeln dazugeben, umrühren und mit den Händen kneten, bis der Teig zusammenklebt. Teilen Sie es in drei Teile. Verschließen und mindestens eine halbe Stunde kalt stellen.

Auf einer gut bemehlten Oberfläche jedes Teigstück ausrollen, bis es 1/4 Zoll dick ist. In verschiedene Formen schneiden. Plätzchen auf einem ungefetteten Backblech anrichten.

Ei und Orangensaft verquirlen und über die Kekse streichen. In einem auf 350 Grad F vorgeheizten Ofen 7-8 Minuten backen, oder bis die Ränder leicht golden sind. Beiseite stellen und in einem luftdichten Behälter aufbewahren.

Ernährung (für 100g): 113 Kalorien 8 g Fett 5 g Kohlenhydrate 4 g Protein 204 mg Natrium So

Griechische Honigkekse

Zubereitungszeit: 10 Minuten

Kochzeit : 15 Minuten

Portionen: 40

Schwierigkeitsgrad: Schwer D

ZUTATEN:

- 1 ¾ Tassen Olivenöl
- 2 Tassen Walnüsse, grob gemahlen
- 1 Tasse Zucker
- 1 Tasse frischer Orangensaft
- 3 EL Orangenschale
- 1/3 Tasse Cognac
- 1 ½ TL Backpulver
- 1 TL Backpulver
- gesiebtes Mehl, genug um einen weichen, öligen Teig zu machen
- für den Sirup
- 2 Tassen Honig
- 1 Tasse Wasser
- zum Bestreuen
- 1 Tasse sehr fein gemahlene Walnüsse
- 1 TL gemahlener Zimt
- 1 TL gemahlene Nelken

Richtungen:

2 Backbleche mit Backpapier auslegen. In einer sehr großen Schüssel Öl, Zucker, Orangenschale, Orangensaft, Cognac, Backpulver, Backpulver und Salz gut vermischen. Mehl mit einem Holzlöffel unterheben, bis ein weicher Teig entsteht.

Esslöffel der Mischung zu Kugeln rollen. Legen Sie sie im Abstand von etwa 1,5 Zoll auf die vorbereiteten Tabletts. Mit einer Gabel die Oberseite jedes Kekses durch Kreuzdrücken einstechen. In einem auf 350 Grad F vorgeheizten Ofen 30-35 Minuten backen oder bis sie goldbraun sind.

Stellen Sie das Wasser und den Honig in einen mittelgroßen Topf bei mittlerer Hitze. 5 Minuten köcheln lassen, Schaum entfernen. Niedrigere Hitze und mit Hilfe eines gelochten Löffels 5-6 Kekse gleichzeitig in den Sirup tauchen. Sobald die Kekse etwas Sirup aufgenommen haben, entfernen Sie sie mit demselben Löffel und legen Sie sie auf ein Tablett, um sie abzukühlen und überschüssigen Sirup zu entfernen. Nach dem Eintauchen die Kekse mit einer Mischung aus Zimt, Nelken und fein gemahlenen Walnüssen bestreuen.

Ernährung (für 100g): 116 Kalorien 7 g Fett 6 g Kohlenhydrate 2 g Protein 241 mg Natrium

Zimt-Butter-Kekse

Zubereitungszeit: 10 Minuten

Kochzeit : 20 Minuten

Portionen: 24

Schwierigkeitsgrad : Durchschnitt

ZUTATEN:

- 2 Tassen Mehl
- 1/2 Tasse Zucker
- 5 EL Butter
- 3 Eier
- 1 EL Zimt

Richtungen:

Butter und Zucker schaumig schlagen. Mehl und Zimt mischen. Eier unter die Buttermasse schlagen. Das Mehl vorsichtig dazugeben. Den Teig auf eine leicht bemehlte Fläche legen und nur ein- bis zweimal glatt kneten.

Eine Rolle formen und in 24 Stücke teilen. Backbleche einfetten und mit Pergamentpapier auslegen. Jedes Stück Keksteig in einen langen, dünnen Streifen streichen, dann einen Kreis formen, etwas flach drücken und auf das vorbereitete Backblech legen. Kekse portionsweise in einem auf 350 F vorgeheizten Ofen 12 bis 15 Minuten backen. In einem Kühlregal beiseite stellen.

Ernährung (für 100g): 111 Kalorien 5 g Fett 3 g Kohlenhydrate 9 g Protein 230 mg Natrium

Beste französische Baiser

Zubereitungszeit: 10 Minuten

Kochzeit : 2 Stunden und 30 Minuten

Portionen: 36

Schwierigkeitsgrad : Durchschnitt

ZUTATEN:

- 4 Eiweiß
- 2 1/4 Tassen Puderzucker

Richtungen:

Bereiten Sie den Ofen auf 200 F vor und legen Sie ein Backblech aus.

In einer Glasschüssel das Eiweiß mit einem elektrischen Mixer schlagen. Gleichzeitig Zucker ein wenig unterrühren, dabei bei mittlerer Geschwindigkeit weiterschlagen. Wenn die Eiweißmischung steif und glänzend wie Satin wird, in einen großen Spritzbeutel geben. Das Baiser mit einer großen Runde auf das mit Backpapier ausgelegte Backblech legen.

Die Baisers in den Ofen geben und die Ofentür leicht geöffnet lassen. Backen, bis die Baisers trocken sind.

Ernährung (für 100g): 110 Kalorien 11 g Fett 6 g Kohlenhydrate 3 g Protein 230 mg Natrium

Zimtpalme

Vorbereitungszeit: 5 Minuten

Kochzeit : 15 Minuten

Portionen: 30

Schwierigkeitsgrad: Leicht

ZUTATEN:

- 1/3 Tasse Kristallzucker
- 2 TL Zimt
- 1/2 Pfund Blätterteig
- 1 Ei, geschlagen (optional)

Richtungen:

Zucker und Zimt verrühren. Den Blätterteig zu einem großen Rechteck ausbreiten. Zimtzucker gleichmäßig auf dem Teig verteilen. Von den langen Enden des Rechtecks jede Seite locker nach innen rollen, bis sie sich in der Mitte treffen. Bestreichen Sie es bei Bedarf mit dem Ei, um es zusammenzuhalten. Die Teigrolle quer in 1/4-Zoll-Stücke schneiden und auf einem mit Pergamentpapier ausgelegten Backblech anrichten. Kekse in einem auf 400 F vorgeheizten Ofen 12-15 Minuten backen, bis sie aufgehen und goldbraun werden. Warm oder bei Zimmertemperatur servieren.

Ernährung (für 100g): 114 Kalorien 3g Fett 8g Kohlenhydrate 6g Protein 274mg Natrium

Honig-Sesam-Kekse

Zubereitungszeit: 10 Minuten

Kochzeit : 15 Minuten

Portionen: 30

Schwierigkeitsgrad: Schwer D

ZUTATEN:

- 3 Tassen Mehl
- 1 Tasse Zucker
- 1 Tasse Butter
- 2 Eier
- 3 EL Honig
- 1 Tasse Pistazien, grob gehackt
- 1 Tasse Sesamsamen
- 1 EL Essig
- 1 TL Vanille
- 1 TL Backpulver
- eine Prise Salz

Richtungen:

Butter und Zucker schaumig schlagen. Fügen Sie vorsichtig die Eier hinzu, dann den Vanilleextrakt und den Essig. Mehl, Salz und Backpulver einarbeiten und die Buttermischung einrühren. Schlagen, bis gerade eingearbeitet. Abdecken und eine Stunde kalt stellen.

Mischen Sie die Sesamsamen und den Honig in einem mittelgroßen Teller. Legen Sie die Pistazien in einen anderen. Nehmen Sie einen Teelöffel Teig, formen Sie ihn zu einer Kugel und tauchen Sie ihn dann in die Pistazien. Etwas andrücken und in die Sesam-Honig-Mischung tauchen. Mit dem restlichen Teig wiederholen und die Kekse auf einem mit Backpapier ausgelegten Backblech anordnen.

Backen Sie die Kekse in einem auf 350 F vorgeheizten Ofen 15 Minuten lang oder bis sie hellbraun werden. Auf dem Backblech 2-3 Minuten ruhen lassen und dann auf ein Gitter schieben.

Ernährung (für 100g): 117 Kalorien 9 g Fett 7 g Kohlenhydrate 1 g Protein 214 mg Natrium So

Bratäpfel

Vorbereitungszeit: 5 Minuten

Kochzeit : 10 Minuten

Portionen: 4

Schwierigkeitsgrad: Leicht

ZUTATEN:

- 8 mittelgroße Äpfel
- 1/3 Tasse Walnüsse, zerkleinert
- 3/4 Tasse Zucker
- 3 EL Rosinen, eingeweicht in Brandy oder dunklem Rum
- Vanille, Zimt nach Geschmack
- 2 Unzen Butter

Richtungen:

Äpfel schälen und vorsichtig aushöhlen. Bereiten Sie die Füllung vor, indem Sie die Butter, 3/4 Tasse Zucker, zerkleinerte Walnüsse, Rosinen und Zimt schlagen. Füllen Sie die Äpfel mit dieser Mischung und legen Sie sie in eine geölte Schüssel. Die Äpfel mit 1-2 Esslöffel Wasser beträufeln und in einem mäßigen Ofen backen. Warm servieren und mit Vanilleeis servieren.

Ernährung (für 100g): 107 Kalorien 9 g Fett 7 g Kohlenhydrate 3 g Protein 236 mg Natrium So

Kürbis gebacken mit Trockenfrüchten

Zubereitungszeit: 10 Minuten

Kochzeit : 15 Minuten

Portionen: 6

Schwierigkeitsgrad: Leicht

ZUTATEN:

- 1,5 Pfund Kürbis, in mittelgroße Stücke geschnitten
- 1 Tasse Trockenfrüchte (Aprikosen, Pflaumen, Äpfel, Rosinen)
- 1/2 Tasse brauner Zucker

Richtungen:

Die Trockenfrüchte in etwas Wasser einweichen, abtropfen lassen und das Wasser wegschütten. Den Kürbis in mittelgroße Würfel schneiden. Auf dem Boden eines Topfes eine Schicht Kürbisstückchen, dann eine Schicht Trockenfrüchte und noch einmal etwas Kürbis anrichten. Fügen Sie ein wenig Wasser hinzu. Den Topf abdecken und zum Kochen bringen. köcheln lassen, bis kein Wasser mehr vorhanden ist. Wenn es fast fertig ist, den Zucker hinzufügen. Warm oder kalt servieren.

Ernährung (für 100g): 113 Kalorien 8 g Fett 5 g Kohlenhydrate 3 g Protein 311 mg Natrium So

Bananen-Shake-Schalen

Vorbereitungszeit: 5 Minuten

Kochzeit : 0 Minuten

Portionen: 4

Schwierigkeitsgrad: Leicht

ZUTATEN:

- 4 mittelgroße Bananen, geschält
- 1 Avocado, geschält, entkernt und püriert
- ¾ Tasse Mandelmilch
- ½ Teelöffel Vanilleextrakt

Richtungen:

In einem Mixer die Bananen mit der Avocado und den anderen Zutaten mischen, pulsieren, in Schüsseln verteilen und bis zum Servieren im Kühlschrank aufbewahren.

Ernährung (für 100g): 185 Kalorien 4,3 g Fett 6 g Kohlenhydrate 6,45 g Protein 214 mg Natrium

Kalte Zitronenquadrate

Zubereitungszeit: 30 Minuten

Kochzeit : 0 Minuten

Portionen: 4

Schwierigkeitsgrad: Leicht

ZUTATEN:

- 1 Tasse Avocadoöl + ein Nieselregen
- 2 Bananen, geschält und gehackt
- 1 Esslöffel Honig
- ¼ Tasse Zitronensaft
- Eine Prise Zitronenschale, gerieben

Richtungen:

Die Bananen in der Küchenmaschine mit den restlichen Zutaten mischen, gut pulsieren und auf dem Boden einer mit Öl gefetteten Pfanne verteilen. 30 Minuten in den Kühlschrank stellen, in Quadrate schneiden und servieren.

Ernährung (für 100g): 136 Kalorien 11,2 g Fett 7 g Kohlenhydrate 1,1 g Protein 236 mg Natrium

Blackberry and Apples Cobbler

Zubereitungszeit: 10 Minuten

Kochzeit : 30 Minuten

Portionen: 6

Schwierigkeitsgrad : Durchschnitt

Zutaten:

- ¾ Tasse Stevia
- 6 Tassen Brombeeren
- ¼ Tasse Äpfel, entkernt und gewürfelt
- ¼ Teelöffel Backpulver
- 1 Esslöffel Limettensaft
- ½ Tasse Mandelmehl
- ½ Tasse Wasser
- 3 und ½ Esslöffel Avocadoöl
- Kochspray

Richtungen:

In einer Schüssel die Beeren mit der Hälfte des Stevias und Zitronensaft vermengen, etwas Mehl darüberstreuen, verquirlen und in eine mit Kochspray gefettete Auflaufform geben.

In einer anderen Schüssel Mehl mit dem restlichen Zucker, Backpulver, dem Wasser und dem Öl vermischen und das Ganze mit den Händen verrühren. Auf den Beeren verteilen, bei 375 Grad F in den Ofen geben und 30 Minuten backen.

Warm servieren.

Ernährung (für 100g): 221 Kalorien 6,3 g Fett 6 g Kohlenhydrate 9 g Protein 350 mg Natrium

Schwarztee-Kuchen

Zubereitungszeit: 10 Minuten

Kochzeit : 35 Minuten

Portionen: 8

Schwierigkeitsgrad : Durchschnitt

ZUTATEN:

- 6 Esslöffel Schwarzteepulver
- 2 Tassen Mandelmilch, aufgewärmt
- 1 Tasse Avocadoöl
- 2 Tassen Stevia
- 4 Eier
- 2 Teelöffel Vanilleextrakt
- 3 und ½ Tassen Mandelmehl
- 1 Teelöffel Backpulver
- 3 Teelöffel Backpulver

Richtungen:

Die Mandelmilch mit dem Öl, Stevia und den restlichen Zutaten gut verrühren. Gießen Sie dies in eine mit Pergamentpapier ausgelegte Kuchenform, stellen Sie sie bei 350 Grad F in den Ofen und backen Sie sie 35 Minuten lang. Den Kuchen abkühlen lassen, in Scheiben schneiden und servieren.

Ernährung (für 100g): 200 Kalorien 6,4 g Fett 6,5 g Kohlenhydrate 5,4 g Protein 384 mg Natrium

Grüner Tee und Vanillecreme

Vorbereitungszeit: 2 Stunden

Kochzeit : 0 Minuten

Portionen: 4

Schwierigkeitsgrad: Leicht

ZUTATEN:

- 14 Unzen Mandelmilch, heiß
- 2 Esslöffel Grüntee-Pulver
- 14 Unzen schwere Sahne
- 3 Esslöffel Stevia
- 1 Teelöffel Vanilleextrakt
- 1 Teelöffel Gelatinepulver

Richtungen:

Die Mandelmilch mit dem Grüntee-Pulver und den restlichen Zutaten gut einarbeiten, abkühlen lassen, in Tassen aufteilen und vor dem Servieren 2 Stunden im Kühlschrank aufbewahren.

Ernährung (für 100g): 120 Kalorien 3g Fett 7g Kohlenhydrate 4g Protein 293mg Natrium

Feigenkuchen

Zubereitungszeit: 10 Minuten

Kochzeit : 60 Minuten

Portionen: 8

Schwierigkeitsgrad : Durchschnitt

ZUTATEN:

- ½ Tasse Stevia
- 6 Feigen, in Viertel geschnitten
- ½ Teelöffel Vanilleextrakt
- 1 Tasse Mandelmehl
- 4 Eier, verquirlt

Richtungen:

Die Feigen auf dem Boden einer mit Backpapier ausgelegten Springform verteilen. In einer Schüssel die anderen Zutaten vermengen, verquirlen und über die Feigen gießen. 1 Stunde bei 375 Digress F backen, den Kuchen auf den Kopf stellen, wenn er fertig ist, und servieren.

Ernährung (für 100g): 200 Kalorien 4,4 g Fett 7,6 g Kohlenhydrate 8 g Protein 351 mg Natrium

Kirschcreme

Vorbereitungszeit: 2 Stunden

Kochzeit : 0 Minuten

Portionen: 4

Schwierigkeitsgrad: Leicht

ZUTATEN:

- 2 Tassen Kirschen, entkernt und gehackt
- 1 Tasse Mandelmilch
- ½ Tasse Schlagsahne
- 3 Eier, verquirlt
- 1/3 Tasse Stevia
- 1 Teelöffel Zitronensaft
- ½ Teelöffel Vanilleextrakt

Richtungen:

In Ihrer Küchenmaschine die Kirschen mit der Milch und den restlichen Zutaten verrühren, gut pulsieren, in Tassen aufteilen und vor dem Servieren 2 Stunden im Kühlschrank aufbewahren.

Ernährung (für 100g): 200 Kalorien 4,5 g Fett 5,6 g Kohlenhydrate 3,4 g Protein 278 mg Natrium

Erdbeercreme

Zubereitungszeit: 10 Minuten

Kochzeit : 20 Minuten

Portionen: 4

Schwierigkeitsgrad: Leicht

ZUTATEN:

- ½ Tasse Stevia
- 2 Pfund Erdbeeren, gehackt
- 1 Tasse Mandelmilch
- Schale von 1 Zitrone, gerieben
- ½ Tasse Sahne
- 3 Eigelb, verquirlt

Richtungen:

Eine Pfanne mit der Milch bei mittlerer Hitze erhitzen, das Stevia und die restlichen Zutaten dazugeben, gut verquirlen, 20 Minuten köcheln lassen, in Tassen aufteilen und kalt servieren.

Ernährung (für 100g): 152 Kalorien 4,4 g Fett 5,1 g Kohlenhydrate 0,8 g Protein 361 mg Natrium

Apfel- und Pflaumenkuchen

Zubereitungszeit: 10 Minuten

Kochzeit : 40 Minuten

Portionen: 4

Schwierigkeitsgrad : Durchschnitt

Zutaten:

- 7 Unzen Mandelmehl
- 1 Ei, verquirlt
- 5 Esslöffel Stevia
- 3 Unzen warme Mandelmilch
- 2 Pfund Pflaumen, entkernt und in Viertel geschnitten
- 2 Äpfel, entkernt und gehackt
- Schale von 1 Zitrone, gerieben
- 1 TL Backpulver

Richtungen:

Die Mandelmilch mit dem Ei, dem Stevia und den restlichen Zutaten bis auf das Kochspray gut verrühren

Eine Kuchenform mit dem Öl einfetten, die Kuchenmischung hineingießen, in den Ofen bei 350 Grad F für 40 Minuten stellen.

Abkühlen lassen, in Scheiben schneiden und servieren.

Ernährung (für 100g): 209 Kalorien 6,4 g Fett 8 g Kohlenhydrate 6,6 g Protein281 mg Natrium

Zimt-Kichererbsen-Kekse

Zubereitungszeit: 10 Minuten

Kochzeit : 20 Minuten

Portionen: 12

Schwierigkeitsgrad : Durchschnitt

ZUTATEN:

- 1 Tasse Kichererbsen aus der Dose
- 2 Tassen Mandelmehl
- 1 Teelöffel Zimtpulver
- 1 Teelöffel Backpulver
- 1 Tasse Avocadoöl
- ½ Tasse Stevia
- 1 Ei, verquirlt
- 2 Teelöffel Mandelextrakt
- 1 Tasse Rosinen
- 1 Tasse Kokos, ungesüßt und zerkleinert

Richtungen:

Die Kichererbsen in einer Schüssel mit Mehl, Zimt und den anderen Zutaten vermengen und gut verrühren, bis ein Teig entsteht.

Esslöffel Teig auf ein mit Pergamentpapier ausgelegtes Backblech geben, 20 Minuten bei 350 Grad in den Ofen geben. Abkühlen lassen und servieren.

Ernährung (für 100g): 200 Kalorien 4,5 g Fett 9,5 g Kohlenhydrate 2,4 g Protein 311 mg Natrium

Kakao Brownies

Zubereitungszeit: 10 Minuten

Kochzeit : 20 Minuten

Portionen: 8

Schwierigkeitsgrad : Durchschnitt

Zutaten:

- 30 Unzen Dosenlinsen, gespült und abgetropft
- 1 Esslöffel Honig
- 1 Banane, geschält und gehackt
- ½ Teelöffel Backpulver
- 4 Esslöffel Mandelbutter
- 2 Esslöffel Kakaopulver
- Kochspray

Richtungen:

In einer Küchenmaschine die Linsen mit dem Honig und den anderen Zutaten außer dem Kochspray gut pulsieren.

Übertragen Sie dies in eine mit Kochspray gefettete Pfanne, legen Sie sie gleichmäßig aus und geben Sie sie 20 Minuten lang bei 375 Grad F in den Ofen. Die Brownies in Scheiben schneiden und kalt servieren.

Ernährung (für 100g): 200 Kalorien 4,5 g Fett 8,7 g Kohlenhydrate 4,3 g Protein 252 mg Natrium

Kardamom-Mandel-Creme

Zubereitungszeit: 30 Minuten

Kochzeit : 0 Minuten

Portionen: 4

Schwierigkeitsgrad: Leicht

ZUTATEN:

- Saft von 1 Limette
- ½ Tasse Stevia
- 1 und ½ Tassen Wasser
- 3 Tassen Mandelmilch
- ½ Tasse Honig
- 2 Teelöffel Kardamom, gemahlen
- 1 Teelöffel Rosenwasser
- 1 Teelöffel Vanilleextrakt

Richtungen:

In einem Mixer die Mandelmilch mit dem Kardamom und den restlichen Zutaten gut verrühren, in Tassen aufteilen und vor dem Servieren 30 Minuten im Kühlschrank aufbewahren.

Ernährung (für 100g): 283 Kalorien 11,8 g Fett 4,7 g Kohlenhydrate 7,1 g Protein 321 mg Natrium

Bananen-Zimt-Cupcakes

Zubereitungszeit: 10 Minuten

Kochzeit : 20 Minuten

Portionen: 4

Schwierigkeitsgrad: Leicht

ZUTATEN :

- 4 Esslöffel Avocadoöl
- 4 Eier
- ½ Tasse Orangensaft
- 2 Teelöffel Zimtpulver
- 1 Teelöffel Vanilleextrakt
- 2 Bananen, geschält und gehackt
- ¾ Tasse Mandelmehl
- ½ Teelöffel Backpulver
- Kochspray

Richtungen:

In einer Schüssel das Öl mit den Eiern, Orangensaft und den anderen Zutaten außer dem Kochspray verrühren, gut verquirlen, in eine mit dem Kochspray gefettete Cupcake-Pfanne geben. 20 Minuten bei 350 Grad F in den Ofen geben.

Die Cupcakes abkühlen lassen und servieren.

Ernährung (für 100g): 142 Kalorien 5,8 g Fett 5,7 g Kohlenhydrate 1,6 g Protein 214 mg Natrium

Rhabarber-Apfel-Creme

Zubereitungszeit: 10 Minuten

Kochzeit : 0 Minuten

Portionen: 6

Schwierigkeitsgrad: Leicht

Zutaten:

- 3 Tassen Rhabarber, gehackt
- 1 und ½ Tassen Stevia
- 2 Eier, verquirlt
- ½ Teelöffel Muskatnuss, gemahlen
- 1 Esslöffel Avocadoöl
- 1/3 Tasse Mandelmilch

Richtungen:

Den Rhabarber mit dem Stevia und den restlichen Zutaten in einem Mixer verrühren, gut pulsieren, in Tassen aufteilen und kalt servieren.

Ernährung (für 100g): 200 Kalorien 5,2 g Fett 7,6 g Kohlenhydrate 2,5 g Protein

Mandelreis Dessert

Zubereitungszeit: 10 Minuten

Kochzeit : 20 Minuten

Portionen: 4

Schwierigkeitsgrad: Leicht

ZUTATEN:

- 1 Tasse weißer Reis
- 2 Tassen Mandelmilch
- 1 Tasse Mandeln, gehackt
- ½ Tasse Stevia
- 1 Esslöffel Zimtpulver
- ½ Tasse Granatapfelkerne

Richtungen:

Den Reis mit der Milch und dem Stevia in einen Topf geben, zum Köcheln bringen und unter häufigem Rühren 20 Minuten kochen lassen. Die restlichen Zutaten dazugeben, umrühren, auf Schüsseln verteilen und servieren.

Ernährung (für 100g): 234 Kalorien 9,5 g Fett 12,4 g Kohlenhydrate 6,5 g Protein 317 mg Natrium

Mediterrane Bratäpfel

Vorbereitungszeit: 5 Minuten

Kochzeit : 25 Minuten

Portionen: 4

Schwierigkeitsgrad: Leicht

ZUTATEN:

- 1,5 Pfund Äpfel, geschält und in Scheiben geschnitten
- Saft von ½ Zitrone
- Eine Prise Zimt

Richtungen:

Den Ofen auf 2500 F vorheizen. Ein Backblech mit Pergamentpapier auslegen und dann beiseite stellen. In einer mittelgroßen Schüssel Äpfel mit Zitronensaft und Zimt. Die Äpfel auf das mit Backpapier ausgelegte Backblech legen. 25 Minuten backen, bis sie knusprig sind.

Ernährung (für 100g): 90 Kalorien 0,3 g Fett 23,9 g Kohlenhydrate 0,5 g Protein 633 mg Natrium

Chia-Mandelbutter-Pudding

Vorbereitungszeit: 5 Minuten

Kochzeit : 10 Minuten

Portionen: 1

Schwierigkeitsgrad: Leicht

Zutaten:

- ¼ Tasse Chiasamen
- 1 Tasse ungesüßte Mandelmilch
- 1 ½ Esslöffel Ahornsirup
- 2 ½ Esslöffel Mandelbutter

Richtungen:

Mandelmilch, Ahornsirup und Mandelbutter in eine Schüssel geben und gut verrühren. Chiasamen hinzufügen und verrühren. Puddingmischung in das Einmachglas geben und über Nacht in den Kühlschrank stellen. Servieren und genießen.

Ernährung (für 100g): 354 Kalorien 21,3 g Fett 31,1 g Kohlenhydrate 11,2 g Protein 251 mg Natrium

Süßer Milchreis

Zubereitungszeit: 10 Minuten

Kochzeit : 30 Minuten

Portionen: 4

Schwierigkeitsgrad : Durchschnitt

Zutaten:

- 1 ¼ Tasse Reis
- ¼ Tasse dunkle Schokolade, gehackt
- 1 Teelöffel Vanille
- 1/3 Tasse Kokosbutter
- 1 Teelöffel flüssiges Stevia
- 2 ½ Tasse Mandelmilch

Richtungen:

Alle Zutaten in den Innentopf geben und gut vermischen. Abdecken und 20 Minuten auf hoher Stufe kochen. Wenn Sie fertig sind, lassen Sie den Druck auf natürliche Weise ab. Deckel abnehmen. Gut umrühren und servieren.

Ernährung (für 100g): 638 Kalorien 39,9 g Fett 63,5 g Kohlenhydrate 8,6 g Protein 354 mg Natrium

Cremige Joghurt-Bananen-Schalen

Zubereitungszeit: 15 Minuten

Kochzeit : 0 Minuten

Portionen: 4

Schwierigkeitsgrad: Leicht

Zutaten:

- 2 Bananen, in Scheiben geschnitten
- ½ Teelöffel gemahlene Muskatnuss
- 3 Esslöffel Leinsamenmehl
- ¼ Tasse cremige Erdnussbutter
- 4 Tassen griechischer Joghurt

Richtungen:

Griechischen Joghurt auf 4 Schüsseln verteilen und mit Bananenscheiben belegen. Erdnussbutter in eine mikrowellengeeignete Schüssel geben und 30 Sekunden in die Mikrowelle stellen.

Träufle 1 Esslöffel geschmolzene Erdnussbutter auf jede Schüssel auf die geschnittenen Bananen. Zimt und Leinsamen darüberstreuen und servieren.

Ernährung (für 100g): 351 Kalorien 13,1 g Fett 35,6 g Kohlenhydrate 19,6 g Protein 322 mg Natrium

. Zitronen-Birnen-Kompott

Vorbereitungszeit: 5 Minuten

Kochzeit : 15 Minuten

Portionen: 6

Schwierigkeitsgrad : Durchschnitt

ZUTATEN:

- 3 Tassen Birnen, entkernt und in Stücke geschnitten
- 1 Teelöffel Vanille
- 1 Teelöffel flüssiges Stevia
- 1 Esslöffel Zitronenschale, gerieben
- 2 Esslöffel Zitronensaft

Richtungen:

Alle Zutaten gut in den Instant-Topf rühren. Abdecken und 15 Minuten auf hoher Stufe kochen. Wenn Sie fertig sind, lassen Sie den Druck 10 Minuten lang auf natürliche Weise ab und geben Sie dann den Rest mit dem Schnellverschluss ab. Deckel abnehmen. Rühren und servieren.

Ernährung (für 100g): 50 Kalorien 0,2 g Fett 12,7 g Kohlenhydrate 0,4 g Protein 310 mg Natrium

Gesunde und schnelle Energiehäppchen

Vorbereitungszeit: 60 Minuten

Kochzeit : 0 Minuten

Portionen: 20

Schwierigkeitsgrad: Leicht

ZUTATEN:

- 2 Tassen Cashewnüsse
- ¼ Teelöffel Zimt
- 1 Teelöffel Zitronenschale
- 4 Esslöffel Datteln, gehackt
- 1/3 Tasse ungesüßte Kokosraspeln
- ¾ Tasse getrocknete Aprikosen

Richtungen:

Pergamentpapier auf das Backblech legen und beiseite stellen. Alle Zutaten in eine Küchenmaschine geben und verarbeiten, bis die Masse krümelig und gut vermischt ist. Aus der Masse kleine Kugeln formen und auf ein vorbereitetes Backblech legen. 1 Stunde in den Kühlschrank stellen.

Servieren und genießen.

Ernährung (für 100g): 100 Kalorien 7,5 g Fett 7,2 g Kohlenhydrate 2,4 g Protein 203 mg Natrium

Gesunde Kokos-Heidelbeerbällchen

Vorbereitungszeit: 60 Minuten

Kochzeit : 5 Minuten

Portionen: 12

Schwierigkeitsgrad: Leicht

ZUTATEN:

- ¼ Tasse Kokosflocken
- ¼ Tasse Blaubeeren
- ½ Teelöffel Vanille
- ¼ Tasse Honig
- ½ Tasse cremige Mandelbutter
- ¼ Teelöffel Zimt
- 1 ½ Esslöffel Chiasamen
- ¼ Tasse Leinsamenmehl
- 1 Tasse Haferflocken, glutenfrei

Richtungen:

Haferflocken, Zimt, Chiasamen und Leinsamenmehl in eine große Schüssel geben und gut vermischen. Mandelbutter in eine mikrowellengeeignete Schüssel geben und 30 Sekunden in die Mikrowelle stellen. Rühren, bis es glatt ist. Vanille und Honig in geschmolzene Mandelbutter geben und gut verrühren.

Die Mandel-Butter-Mischung über die Hafer-Mischung geben und mischen. Kokos und Blaubeeren dazugeben und gut verrühren. Aus der

Hafermischung kleine Kugeln formen und auf das Backblech legen und 1 Stunde in den Kühlschrank stellen. Servieren und genießen.

ERNÄHRUNG (FÜR 100G): 129 KALORIEN 7,4 G FETT 14,1 G KOHLENHYDRATE 7 G PROTEIN 321 MG NATRIUM

Panna Cotta

Vorbereitungszeit: 5 Minuten

Kochzeit : 10 Minuten + 4 Stunden

Portionen: 2

Schwierigkeitsgrad : Durchschnitt

ZUTATEN:

- 1/3 Tasse Magermilch
- 1 (0,25 Unzen) Umschlag geschmacksneutrale Gelatine
- 2½ Tassen Sahne
- ½ Tasse weißer Zucker
- 1½ TL. Vanilleextrakt
- 1/3 Tasse rote Beeren zum Dekorieren

Richtungen:

Milch in eine kleine Schüssel geben und die Gelatinehülle einrühren. Beiseite legen. Sahne und Zucker unter Rühren in einen Topf geben und bei mittlerer Hitze erhitzen. Beobachten Sie genau und lassen Sie es zum Kochen kommen.

Gießen Sie die Gelatine-Milch-Mischung in die Sahne und rühren Sie, bis sie sich vollständig aufgelöst hat. Unter Rühren eine Minute kochen. Vom Herd nehmen, Vanilleextrakt einrühren und in sechs Auflaufförmchen gießen.

Auf Raumtemperatur abkühlen lassen. Vor dem Servieren mit Frischhaltefolie abdecken und mindestens 4 Stunden, vorzugsweise jedoch über Nacht, einfrieren. Vor dem Servieren mit roten Beeren toppen.

Ernährung (für 100g): 105 Kalorien 9g Fett 6g Kohlenhydrate 1g Protein 324mg Natrium

Türkisch Kunefe

Zubereitungszeit: 10 Minuten

Kochzeit : 55 Minuten

Portionen: 2

Schwierigkeitsgrad: Schwer D

ZUTATEN:

- **Für Sirup:**
  - 1 Tasse Zucker
  - 1 Scheibe Zitrone
  - 1 Tasse Wasser

- **Für Kunef:**
  - ½ Tasse auf Raumtemperatur geschmolzene Butter
  - 1 EL Butter für Pfannen
  - 2 Tassen zerkleinerter roher Kadaifi-Teig
  - ½ Tasse ungesalzener Schmelzkäse deiner Wahl
  - 1 EL gemahlene Pistazien

Richtungen:

Alle Sirupzutaten in einen Topf geben.

Aufkochen lassen, dann die Hitze regulieren und 15 Minuten köcheln lassen, bis es etwas dicker wird. Abkühlen lassen.

Den Herd auf 400 ° F vorheizen. Kadaifi-Teig in eine Schüssel geben und mit ½ Tasse geschmolzener Butter bestreichen. Bürsten Sie den Boden von vier 9-Zoll-Pfannen leicht mit geschmolzener Butter.

Die Hälfte des Teigs gleichmäßig auf zwei Pfannen verteilen. Drücken Sie es mit der Hand. Nudeln gleichmäßig mit Käse bestreuen. Drücken Sie mit der Hand.

Mit dem restlichen Kadaifi-Teig bedecken und mit der Hand andrücken. In den Ofen schieben und 10-15 Minuten backen oder bis die Oberseite goldbraun ist.

Drehen Sie jede der zwei zusätzlichen Pfannen um, stellen Sie sie vorsichtig über das Dessert und drehen Sie das Dessert in diese zusätzliche Pfanne. Jetzt liegt die goldbraune Seite unten. Zurück in den Ofen stellen und weitere 10-15 Minuten backen oder bis die Oberseite ebenfalls goldbraun ist.

Sobald Sie das Dessert vom Herd nehmen, gießen Sie Sirup darüber. Lassen Sie den Sirup einziehen und servieren Sie ihn sofort, solange er noch heiß ist, und belegen Sie ihn mit gemahlenen Pistazien.

Ernährung (für 100g): 508 Kalorien 25 g Fett 57 g Kohlenhydrate 19 g Protein 226 mg Natrium

Linguine mit Meeresfrüchten

Zubereitungszeit: 10 Minuten

Kochzeit : 35 Minuten

Portionen: 2

Schwierigkeitsgrad: Schwer D

ZUTATEN:

- 2 Knoblauchzehen, gehackt
- 4 Unzen Linguine, Vollkornweizen
- 1 Esslöffel Olivenöl
- 14 Unzen Tomaten, konserviert und gewürfelt
- 1/2 Esslöffel Schalotten, gehackt
- 1/4 Tasse Weißwein
- Meersalz und schwarzer Pfeffer nach Geschmack
- 6 Kirschkernmuscheln, gereinigt
- 4 Unzen Tilapia, in 1-Zoll-Streifen geschnitten
- 4 Unzen Trockenmeer-Jakobsmuscheln
- 1/8 Tasse Parmesankäse, gerieben
- 1/2 Teelöffel Majoran, gehackt und frisch

Richtungen:

Kochen Sie das Wasser im Topf und kochen Sie die Nudeln, bis sie weich sind, was ungefähr acht Minuten dauern sollte. Abgießen und dann die Nudeln abspülen.

Erhitze dein Öl in einer großen Pfanne bei mittlerer Hitze und rühre dann, sobald das Öl heiß ist, Knoblauch und Schalotte unter. Eine Minute kochen und oft umrühren.

Erhöhen Sie die Hitze auf mittel-hoch, bevor Sie Salz, Wein, Pfeffer und Tomaten hinzufügen und zum Köcheln bringen. Noch eine Minute kochen.

Fügen Sie als nächstes Ihre Muscheln hinzu, bedecken Sie sie und kochen Sie sie weitere zwei Minuten.

Als nächstes Majoran, Jakobsmuscheln und Fisch unterrühren. Kochen Sie weiter, bis der Fisch ganz durch ist und sich Ihre Muscheln geöffnet haben. Dies dauert bis zu fünf Minuten und entfernen Sie alle Muscheln, die sich nicht öffnen.

Die Sauce und die Muscheln über die Nudeln geben und vor dem Servieren mit Parmesan und Majoran bestreuen. Warm servieren.

Ernährung (für 100g): 329 Kalorien 12 g Fett 10 g Kohlenhydrate 33 g Protein 836 mg Natrium

Ingwer-Garnelen-Tomaten-Relish

Zubereitungszeit: 10 Minuten

Kochzeit : 15 Minuten

Portionen: 2

Schwierigkeitsgrad: Schwer D

ZUTATEN:

- 1 1/2 Esslöffel Pflanzenöl
- 1 Knoblauchzehe, gehackt
- 10 Garnelen, extra groß, geschält & Schwanz übrig
- 3/4 Esslöffel Finger, gerieben und geschält
- 1 grüne Tomaten, halbiert
- 2 Pflaumentomaten, halbiert
- 1 Esslöffel Limettensaft, frisch
- 1/2 Teelöffel Zucker
- 1/2 Esslöffel Jalapeno mit Samen, frisch & gehackt
- 1/2 Esslöffel Basilikum, frisch & gehackt
- 1/2 Esslöffel Koriander, gehackt und frisch
- 10 Spieße
- Meersalz und schwarzer Pfeffer nach Geschmack

Richtungen:

Tauchen Sie Ihre Spieße für mindestens eine halbe Stunde in einen Topf mit Wasser.

Rühren Sie Knoblauch und Ingwer in einer Schüssel zusammen, geben Sie die Hälfte in eine größere Schüssel und rühren Sie sie mit zwei Esslöffeln Ihres Öls um. Fügen Sie die Garnelen hinzu und stellen Sie sicher, dass sie gut beschichtet sind.

Abdecken und für mindestens eine halbe Stunde in den Kühlschrank stellen und dann abkühlen lassen.

Heizen Sie Ihren Grill auf hohe Temperatur und fetten Sie die Roste leicht mit Öl ein. Holen Sie eine Schüssel heraus und werfen Sie Ihre Pflaume und grünen Tomaten mit dem restlichen Esslöffel Öl und würzen Sie mit Salz und Pfeffer.

Grillen Sie Ihre Tomaten mit der Schnittseite nach oben und die Haut sollte verkohlt sein. Das Fleisch deiner Tomate sollte zart sein, was bei der Pflaumentomate etwa vier bis sechs Minuten und bei der grünen Tomate etwa zehn Minuten dauert.

Entfernen Sie die Haut, sobald die Tomaten kühl genug sind, um sie anfassen zu können, und entsorgen Sie dann die Samen. Das Tomatenfleisch fein hacken und zum reservierten Ingwer und Knoblauch geben. Fügen Sie Zucker, Jalapeno, Limettensaft und Basilikum hinzu.

Würzen Sie Ihre Garnelen mit Salz und Pfeffer, fädeln Sie sie auf die Spieße und grillen Sie sie dann, bis sie undurchsichtig werden, was etwa zwei Minuten auf jeder Seite dauert. Die Garnelen nach Belieben auf eine Platte legen und genießen.

Ernährung (für 100g): 391 Kalorien 13 g Fette 11 g Kohlenhydrate 34 g Protein 693 mg Natrium

Garnelen & Pasta

Zubereitungszeit: 10 Minuten

Kochzeit : 10 Minuten

Portionen: 2

Schwierigkeitsgrad : Durchschnitt

ZUTATEN:

- 2 Tassen Engelshaarnudeln, gekocht
- 1/2 Pfund mittelgroße Garnelen, geschält
- 1 Knoblauchzehe, gehackt
- 1 Tasse Tomaten, gehackt
- 1 Teelöffel Olivenöl
- 1/6 Tasse Kalamata-Oliven, entkernt und gehackt
- 1/8 Tasse Basilikum, frisch & dünn geschnitten
- 1 Esslöffel Kapern, abgetropft
- 1/8 Tasse Feta-Käse, zerbröselt
- Spritzer schwarzer Pfeffer

Richtungen:

Kochen Sie Ihre Nudeln nach Packungsanweisung und erhitzen Sie dann Ihr Olivenöl in einer Pfanne bei mittlerer Hitze. Koche deinen Knoblauch eine halbe Minute lang und füge dann deine Garnelen hinzu. Noch eine Minute anbraten.

Fügen Sie Basilikum und Tomate hinzu und reduzieren Sie dann die Hitze, damit es drei Minuten köcheln kann. Ihre Tomate sollte zart sein.

Rühren Sie Ihre Oliven und Kapern ein. Fügen Sie eine Prise schwarzen Pfeffer hinzu und kombinieren Sie Ihre Garnelenmischung und die Nudeln zum Servieren. Vor dem warmen Servieren mit Käse belegen.

Ernährung (für 100g): 357 Kalorien 11 g Fett 9 g Kohlenhydrate 30 g Protein 871 mg Natrium

Pochierter Kabeljau

Zubereitungszeit: 10 Minuten

Kochzeit : 25 Minuten

Portionen: 2

Schwierigkeitsgrad : Durchschnitt

Zutaten:

- 2 Kabeljaufilet, 6 Unzen
- Meersalz und schwarzer Pfeffer nach Geschmack
- 1/4 Tasse trockener Weißwein
- 1/4 Tasse Meeresfrüchtefond
- 2 Knoblauchzehen, gehackt
- 1 Lorbeerblatt
- 1/2 Teelöffel Salbei, frisch & gehackt
- 2 Rosmarinzweige zum Garnieren

Richtungen:

Beginnen Sie, indem Sie Ihren Ofen auf 375 stellen und dann die Filets mit Salz und Pfeffer würzen. Legen Sie sie in eine Backform und fügen Sie Ihre Brühe, Knoblauch, Wein, Salbei und Lorbeerblatt hinzu. Gut abdecken und dann zwanzig Minuten backen. Ihr Fisch sollte beim Testen mit einer Gabel schuppig sein.

Verwenden Sie einen Spatel, um jedes Filet zu entfernen, stellen Sie die Flüssigkeit bei starker Hitze auf und kochen Sie, um sie auf die Hälfte zu reduzieren. Dies sollte zehn Minuten dauern und Sie müssen häufig umrühren. In pochierender Flüssigkeit getropft und mit einem Rosmarinzweig garniert servieren.

Ernährung (für 100g): 361 Kalorien 10 g Fett 9 g Kohlenhydrate 34 g Protein 783 mg Natrium

Muscheln in Weißwein

Vorbereitungszeit: 5 Minuten

Kochzeit : 10 Minuten

Portionen: 2

Schwierigkeitsgrad: Schwer D

Zutaten:

- 2 lbs. Lebende Muscheln, frisch
- 1 Tasse trockener Weißwein
- 1/4 Teelöffel Meersalz, fein
- 3 Knoblauchzehen, gehackt
- 2 Teelöffel Schalotten, gewürfelt
- 1/4 Tasse Petersilie, frisch & gehackt, geteilt
- 2 Esslöffel Olivenöl
- 1/4 Zitrone, entsaftet

Richtungen:

Holen Sie ein Sieb heraus, schrubben Sie Ihre Muscheln und spülen Sie sie mit kaltem Wasser ab. Entsorgen Sie Muscheln, die sich nicht schließen, wenn sie angeklopft werden, und entfernen Sie dann mit einem Schälmesser den Bart von jeder.

Holen Sie den Suppentopf heraus, stellen Sie ihn bei mittlerer Hitze und fügen Sie Knoblauch, Schalotten, Wein und Petersilie hinzu. Bringen Sie es zum Köcheln. Sobald es stetig köchelt, fügen Sie Ihre Muscheln hinzu und bedecken Sie es. Lassen Sie sie fünf bis sieben Minuten köcheln. Stellen Sie sicher, dass sie nicht überkochen.

Entferne sie mit einem Schaumlöffel und gib Zitronensaft und Olivenöl in den Topf. Rühren Sie gut um und gießen Sie die Brühe über Ihre Muscheln, bevor Sie sie mit Petersilie servieren.

Ernährung (für 100g): 345 Kalorien 9 g Fett 18 g Kohlenhydrate 37 g Protein 693 mg Natrium

Dilly Lachs

Zubereitungszeit: 10 Minuten

Kochzeit : 15 Minuten

Portionen: 2

Schwierigkeitsgrad : Durchschnitt

ZUTATEN:

- 2 Lachsfilets, je 6 Unzen
- 1 Esslöffel Olivenöl
- 1/2 Mandarine, entsaftet
- 2 Teelöffel Orangenschale
- 2 Esslöffel Dill, frisch & gehackt
- Meersalz und schwarzer Pfeffer nach Geschmack

Richtungen:

Bereiten Sie den Ofen auf 375 Grad vor und nehmen Sie dann zwei 10-Zoll-Stücke Folie heraus. Reiben Sie Ihre Filets auf beiden Seiten mit Olivenöl ein, bevor Sie sie mit Salz und Pfeffer würzen. Legen Sie jedes Filet in ein Stück Folie.

Den Orangensaft darüber träufeln und dann mit Orangenschale und Dill beträufeln. Falte deine Packung zu und achte darauf, dass sie fünf Zentimeter Luft in der Folie hat, damit dein Fisch dampfen kann, und lege ihn dann auf eine Auflaufform.

Vor dem Öffnen der Päckchen fünfzehn Minuten backen und auf zwei Servierplatten verteilen. Gießen Sie die Sauce vor dem Servieren darüber.

Ernährung (für 100g): 366 Kalorien 14 g Fett 9 g Kohlenhydrate 36 g Protein 689 mg Natrium

Glatter Lachs

Zubereitungszeit: 8 Minuten

Kochzeit : 8 Minuten

Portionen: 2

Schwierigkeitsgrad: Leicht

ZUTATEN:

- Lachs, 6-Unzen-Filet
- Zitrone, 2 Scheiben
- Kapern, 1 Esslöffel
- Meersalz und Pfeffer, 1/8 Teelöffel
- Olivenöl extra vergine, 1 Esslöffel

Richtungen:

Stellen Sie eine saubere Pfanne bei mittlerer Hitze, um sie 3 Minuten lang zuzubereiten. Olivenöl auf einen Teller geben und den Lachs komplett damit bestreichen. Den Lachs bei starker Hitze in der Pfanne braten.

Den Lachs mit den restlichen Zutaten belegen und wenden, um jede Seite zu garen. Beachten Sie, wenn beide Seiten braun sind. Es kann 3-5 Minuten pro Seite dauern. Stellen Sie sicher, dass der Lachs gekocht ist, indem Sie ihn mit einer Gabel testen.

Mit Zitronenscheiben servieren.

Ernährung (für 100g): 371 Kalorien 25,1 g Fett 0,9 g Kohlenhydrate 33,7 g Protein 782 mg Natrium

Thunfisch Melodie

Zubereitungszeit: 20 Minuten

Kochzeit : 20 Minuten

Portionen: 2

Schwierigkeitsgrad: Leicht

ZUTATEN:

- Thunfisch, 12 Unzen
- Frühlingszwiebeln, 1 zum Garnieren
- Paprika, ¼, gehackt
- Essig, 1 Schuss
- Salz und Pfeffer nach Geschmack
- Avocados, 1 halbiert und entkernt
- Griechischer Joghurt, 2 Esslöffel

Richtungen:

Thunfisch mit Essig, Zwiebel, Joghurt, Avocado und Pfeffer in einer Schüssel vermischen.

Die Gewürze hinzufügen, mischen und mit der Frühlingszwiebelgarnitur servieren.

Ernährung (für 100g): 294 Kalorien 19 g Fett 10 g Kohlenhydrate 12 g Protein 836 mg Natrium

Meerkäse

Zubereitungszeit: 12 Minuten

Kochzeit : 25 Minuten

Portionen: 2

Schwierigkeitsgrad: Leicht

ZUTATEN:

- Lachs, 6-Unzen-Filet
- Getrocknetes Basilikum, 1 Esslöffel
- Käse, 2 EL, gerieben
- Tomate, 1, in Scheiben
- Olivenöl extra vergine, 1 Esslöffel

Richtungen:

Bereiten Sie einen Backofen bei 375 F vor. Legen Sie Aluminiumfolie in eine Auflaufform und besprühen Sie sie mit Speiseöl. Den Lachs vorsichtig auf das Backblech legen und mit den restlichen Zutaten belegen.

Lassen Sie den Lachs 20 Minuten bräunen. Fünf Minuten abkühlen lassen und auf einen Servierteller geben. Sie sehen den Belag in der Mitte des Lachses.

Ernährung (für 100g): 411 Kalorien 26,6 g Fett 1,6 g Kohlenhydrate 8 g Protein 822 mg Natrium

Gesunde Steaks

Zubereitungszeit: 10 Minuten

Kochzeit : 20 Minuten

Portionen: 2

Schwierigkeitsgrad: Leicht

ZUTATEN:

- Olivenöl, 1 Teelöffel
- Heilbuttsteak, 8 Unzen
- Knoblauch, ½ Teelöffel, gehackt
- Butter, 1 Esslöffel
- Salz und Pfeffer nach Geschmack

Richtungen:

Eine Pfanne erhitzen und das Öl hinzufügen. Steaks in einer Pfanne auf mittlerer Flamme anbraten, Butter mit Knoblauch, Salz und Pfeffer schmelzen. Steaks hinzufügen, schwenken, ummanteln und servieren.

Ernährung (für 100g): 284 Kalorien 17 g Fett 0,2 g Kohlenhydrate 8 g Protein 755 mg Natrium

Kräuterlachs

Zubereitungszeit: 8 Minuten

Kochzeit : 18 Minuten

Portionen: 2

Schwierigkeitsgrad: Leicht

ZUTATEN:

- Lachs, 2 Filets ohne Haut
- Grobes Salz nach Geschmack
- Olivenöl extra vergine, 1 Esslöffel
- Zitrone, 1, in Scheiben
- Frischer Rosmarin, 4 Zweige

Richtungen:

Den Ofen auf 400F vorheizen. Lege die Alufolie in eine Auflaufform und lege den Lachs darauf. Den Lachs mit den restlichen Zutaten belegen und 20 Minuten backen. Sofort mit Zitronenscheiben servieren.

Ernährung (für 100g): 257 Kalorien 18 g Fett 2,7 g Kohlenhydrate 7 g Protein 836 mg Natrium

Rauchig glasierter Thunfisch

Vorbereitungszeit: 35 Minuten

Kochzeit : 10 Minuten

Portionen: 2

Schwierigkeitsgrad: Leicht

Z‌UTATEN:

- Thunfisch, 4-Unzen-Steaks
- Orangensaft, 1 Esslöffel
- Gehackter Knoblauch, ½ Nelke
- Zitronensaft, ½ Teelöffel
- Frische Petersilie, 1 Esslöffel, gehackt
- Sojasauce, 1 Esslöffel
- Olivenöl extra vergine, 1 Esslöffel
- Gemahlener schwarzer Pfeffer, ¼ Teelöffel
- Oregano, ¼ Teelöffel

Richtungen:

Wählen Sie eine Rührschüssel und fügen Sie alle Zutaten außer dem Thunfisch hinzu. Gut mischen und dann den Thunfisch in die Marinade geben. Diese Mischung eine halbe Stunde kalt stellen. Eine Grillpfanne erhitzen und den Thunfisch auf jeder Seite 5 Minuten braten. Servieren, wenn gekocht.

Ernährung (für 100g): 200 Kalorien 7,9 g Fett 0,3 g Kohlenhydrate 10 g Protein 734 mg Natrium

Knuspriger Heilbutt

Zubereitungszeit: 20 Minuten

Kochzeit : 15 Minuten

Portionen: 2

Schwierigkeitsgrad: Leicht

Zutaten:

- Petersilie nach oben
- Frischer Dill, 2 EL, gehackt
- Frischer Schnittlauch, 2 EL, gehackt
- Olivenöl, 1 Esslöffel
- Salz und Pfeffer nach Geschmack
- Heilbutt, Filets, 6 Unzen
- Zitronenschale, ½ Teelöffel, fein gerieben
- Griechischer Joghurt, 2 Esslöffel

Richtungen:

Den Ofen auf 400F vorheizen. Ein Backblech mit Folie auslegen. Alle Zutaten in eine breite Schüssel geben und die Filets marinieren. Die Filets abspülen und trocknen; Dann in den Ofen geben und 15 Minuten backen.

Ernährung (für 100g): 273 Kalorien 7,2 g Fett 0,4 g Kohlenhydrate 9 g Protein 783 mg Natrium

Fit Thunfisch

Zubereitungszeit: 15 Minuten

Kochzeit : 10 Minuten

Portionen: 2

Schwierigkeitsgrad: Leicht

ZUTATEN:

- Ei, ½
- Zwiebel, 1 Esslöffel, fein gehackt
- Sellerie nach oben
- Salz und Pfeffer nach Geschmack
- Knoblauch, 1 Nelke, gehackt
- Thunfisch in Dosen, 7 Unzen
- Griechischer Joghurt, 2 Esslöffel

Richtungen:

Thunfisch abtropfen lassen, Ei und Joghurt mit Knoblauch, Salz und Pfeffer hinzufügen.

In einer Schüssel diese Mischung mit Zwiebeln mischen und zu Patties formen. Nehmen Sie eine große Pfanne und bräunen Sie die Patties für 3 Minuten pro Seite. Abgießen und servieren.

Ernährung (für 100g): 230 Kalorien 13 g Fett 0,8 g Kohlenhydrate 10 g Protein 866 mg Natrium

Heiße und frische Fischsteaks

Zubereitungszeit: 14 Minuten

Kochzeit : 14 Minuten

Portionen: 2

Schwierigkeitsgrad: Leicht

ZUTATEN:

- Knoblauch, 1 Nelke, gehackt
- Zitronensaft, 1 Esslöffel
- brauner Zucker, 1 Esslöffel
- Heilbuttsteak, 1 Pfund
- Salz und Pfeffer nach Geschmack
- Sojasauce, ¼ Teelöffel
- Butter, 1 Teelöffel
- Griechischer Joghurt, 2 Esslöffel

Richtungen:

Bei mittlerer Flamme den Grill vorheizen. Butter, Zucker, Joghurt, Zitronensaft, Sojasauce und Gewürze in einer Schüssel vermischen. Erwärmen Sie die Mischung in einer Pfanne. Verwenden Sie diese Mischung, um das Steak während des Grillens zu bestreichen. Heiß servieren.

Ernährung (für 100g): 412 Kalorien 19,4 g Fett 7,6 g Kohlenhydrate 11 g Protein 788 mg Natrium

Muscheln O'Marine

Zubereitungszeit: 20 Minuten

Kochzeit : 10 Minuten

Portionen: 2

Schwierigkeitsgrad: Leicht

ZUTATEN:

- Miesmuscheln, geschrubbt und entbart, 1 Pfund
- Kokosmilch, ½ Tasse
- Cayennepfeffer, 1 Teelöffel
- Frischer Zitronensaft, 1 Esslöffel
- Knoblauch, 1 Teelöffel, gehackt
- Koriander, frisch gehackt zum Garnieren
- brauner Zucker, 1 Teelöffel

Richtungen:

Alle Zutaten außer den Muscheln in einem Topf mischen. Erhitzen Sie die Mischung und bringen Sie sie zum Kochen. Die Muscheln hinzufügen und 10 Minuten kochen lassen. In einer Schüssel mit der gekochten Flüssigkeit servieren.

Ernährung (für 100g): 483 Kalorien 24,4 g Fett 21,6 g Kohlenhydrate 1,2 g Protein 499 mg Natrium

Slow Cooker Mediterraner Rinderbraten

Zubereitungszeit: 10 Minuten

Kochzeit : 10 Stunden und 10 Minuten

Portionen: 6

Schwierigkeitsgrad : Durchschnitt

Zutaten:

- 3 Pfund Chuck Braten, ohne Knochen
- 2 Teelöffel Rosmarin
- ½ Tasse Tomaten, sonnengetrocknet und gehackt
- 10 Zehen geriebener Knoblauch
- ½ Tasse Rinderfond
- 2 Esslöffel Balsamico-Essig
- ¼ Tasse gehackte italienische Petersilie, frisch
- ¼ Tasse gehackte Oliven
- 1 Teelöffel Zitronenschale
- ¼ Tasse Käsegrütze

Richtungen:

In den Slow Cooker Knoblauch, sonnengetrocknete Tomaten und den Rinderbraten geben. Rinderbrühe und Rosmarin hinzufügen. Den Herd schließen und 10 Stunden langsam garen.

Nach dem Garen das Rindfleisch entfernen und das Fleisch zerkleinern. Entsorgen Sie das Fett. Das zerkleinerte Fleisch wieder in den Slow Cooker geben und 10 Minuten köcheln lassen. In einer kleinen Schüssel Zitronenschale, Petersilie und Oliven mischen. Kühlen Sie die Mischung ab, bis Sie servierfertig sind. Mit der gekühlten Mischung garnieren.

Servieren Sie es über Nudeln oder Eiernudeln. Mit Käsegrütze belegen.

Ernährung (für 100g): 314 Kalorien 19g Fett 1g Kohlenhydrate 32g Protein 778mg Natrium

Slow Cooker mediterranes Rindfleisch mit Artischocken

Vorbereitungszeit : 3 Stunden und 20 Minuten

Kochzeit : 7 Stunden und 8 Minuten

Portionen: 6

Schwierigkeitsgrad: Leicht

ZUTATEN:

- 2 Pfund Rindfleisch für Eintopf
- 14 Unzen Artischockenherzen
- 1 Esslöffel Traubenkernöl
- 1 gewürfelte Zwiebel
- 32 Unzen Rinderbrühe
- 4 Zehen Knoblauch, gerieben
- 14½ Unzen Dosentomaten, gewürfelt
- 15 Unzen Tomatensauce
- 1 Teelöffel getrockneter Oregano
- ½ Tasse entkernte, gehackte Oliven
- 1 Teelöffel getrocknete Petersilie
- 1 Teelöffel getrockneter Oregano
- ½ Teelöffel gemahlener Kreuzkümmel
- 1 Teelöffel getrocknetes Basilikum
- 1 Lorbeerblatt
- ½ Teelöffel Salz

Richtungen:

In eine große beschichtete Pfanne etwas Öl gießen und auf mittlere Hitze erhitzen. Das Rindfleisch anbraten, bis es von beiden Seiten braun wird. Übertragen Sie das Rindfleisch in einen Slow Cooker.

Rinderbrühe, Tomatenwürfel, Tomatensauce, Salz dazugeben und vermengen. Gießen Sie Rinderbrühe, Tomatenwürfel, Oregano, Oliven, Basilikum, Petersilie, Lorbeerblatt und Kreuzkümmel hinzu. Kombinieren Sie die Mischung gründlich.

Schließen und bei schwacher Hitze 7 Stunden kochen. Das Lorbeerblatt zum Servieren wegwerfen. Heiß servieren.

Ernährung (für 100g): 416 Kalorien 5 g Fett 14,1 g Kohlenhydrate 29,9 g Protein 811 mg Natrium

Skinny Slow Cooker Schmorbraten im mediterranen Stil

Zubereitungszeit: 30 Minuten

Kochzeit: 8 Stunden

Portionen: 10

Schwierigkeitsgrad: Schwer D

ZUTATEN:

- 4 Pfund Auge des runden Bratens
- 4 Zehen Knoblauch
- 2 Teelöffel Olivenöl
- 1 Teelöffel frisch gemahlener schwarzer Pfeffer
- 1 Tasse gehackte Zwiebeln
- 4 Karotten, gehackt
- 2 Teelöffel getrockneter Rosmarin
- 2 gehackte Selleriestangen
- 28 Unzen zerkleinerte Tomaten in der Dose
- 1 Tasse natriumarme Rinderbrühe
- 1 Tasse Rotwein
- 2 Teelöffel Salz

Richtungen:

Den Rinderbraten mit Salz, Knoblauch und Pfeffer würzen und beiseite stellen. Öl in eine beschichtete Pfanne geben und auf mittlere Hitze erhitzen. Das Rindfleisch hineingeben und braten, bis es von allen Seiten braun wird. Übertragen Sie nun das gebratene Rindfleisch in einen 6-Liter-

Slow-Cooker. Karotten, Zwiebeln, Rosmarin und Sellerie in die Pfanne geben. Weiter kochen, bis die Zwiebel und das Gemüse weich werden.

Rühren Sie die Tomaten und den Wein in diese Gemüsemischung. Rinderbrühe und Tomatenmischung zusammen mit der Gemüsemischung in den Slow Cooker geben. Schließen und 8 Stunden auf niedriger Stufe kochen.

Sobald das Fleisch gekocht ist, nehmen Sie es aus dem Slow Cooker, legen Sie es auf ein Schneidebrett und wickeln Sie es mit einer Aluminiumfolie ein. Um die Sauce anzudicken, geben Sie sie in einen Topf und kochen Sie sie bei schwacher Hitze, bis sie die gewünschte Konsistenz erreicht hat. Entsorgen Sie Fette vor dem Servieren.

Ernährung (für 100g): 260 Kalorien 6 g Fett 8,7 g Kohlenhydrate 37,6 g Protein 588 mg Natrium

Slow Cooker Hackbraten

Zubereitungszeit: 10 Minuten

Kochzeit : 6 Stunden und 10 Minuten

Portionen: 8

Schwierigkeitsgrad : Durchschnitt

Zutaten:

- 2 Pfund gemahlener Bison
- 1 geriebene Zucchini
- 2 große Eier
- Olivenöl-Kochspray nach Bedarf
- 1 Zucchini, zerkleinert
- ½ Tasse Petersilie, frisch, fein gehackt
- ½ Tasse Parmesankäse, gerieben
- 3 Esslöffel Balsamico-Essig
- 4 Knoblauchzehen, gerieben
- 2 Esslöffel Zwiebel gehackt
- 1 Esslöffel getrockneter Oregano
- ½ Teelöffel gemahlener schwarzer Pfeffer
- ½ Teelöffel koscheres Salz
- Für den Belag:
- ¼ Tasse geriebener Mozzarella-Käse
- ¼ Tasse Ketchup ohne Zucker
- ¼ Tasse frisch gehackte Petersilie

Richtungen:

Streifen Sie die Innenseite eines 6-Quart-Slow Cookers mit Aluminiumfolie aus. Sprühen Sie Antihaft-Speiseöl darüber.

Kombinieren Sie in einer großen Schüssel gemahlenen Bison oder extra mageres Rinderfilet, Zucchini, Eier, Petersilie, Balsamico-Essig, Knoblauch, getrockneten Oregano, Meer- oder kosheres Salz, gehackte trockene Zwiebeln und gemahlenen schwarzen Pfeffer.

Diese Mischung in den Slow Cooker geben und einen länglichen Laib formen. Den Herd abdecken, auf niedrige Hitze stellen und 6 Stunden kochen lassen. Nach dem Garen den Herd öffnen und Ketchup auf dem Hackbraten verteilen.

Legen Sie nun den Käse als neue Schicht über den Ketchup und schließen Sie den Slow Cooker. Lassen Sie den Hackbraten auf diesen beiden Schichten etwa 10 Minuten ruhen oder bis der Käse zu schmelzen beginnt. Mit frischer Petersilie und geriebenem Mozzarella garnieren.

Ernährung (für 100g): 320 Kalorien 2g Fett 4g Kohlenhydrate 26g Protein 681mg Natrium

Slow Cooker Mediterrane Beef Hoagies

Zubereitungszeit: 10 Minuten

Kochzeit: 13 Stunden

Portionen: 6

Schwierigkeitsgrad : Durchschnitt

ZUTATEN:

- 3 Pfund Beef Top Rundbraten fettfrei
- ½ Teelöffel Zwiebelpulver
- ½ Teelöffel schwarzer Pfeffer
- 3 Tassen natriumarme Rinderbrühe
- 4 Teelöffel Salatdressing-Mix
- 1 Lorbeerblatt
- 1 Esslöffel Knoblauch, gehackt
- 2 rote Paprikaschoten, dünne Streifen geschnitten
- 16 Unzen Peperoncino
- 8 Scheiben Sargento Provolone, dünn
- 2 Unzen glutenfreies Brot
- ½ Teelöffel Salz

- **Zum Würzen:**

  - 1½ Esslöffel Zwiebelpulver
  - 1½ Esslöffel Knoblauchpulver
  - 2 Esslöffel getrocknete Petersilie
  - 1 Esslöffel Stevia

- ½ Teelöffel getrockneter Thymian
- 1 Esslöffel getrockneter Oregano
- 2 Esslöffel schwarzer Pfeffer
- 1 Esslöffel Salz
- 6 Käsescheiben

Richtungen:

Trocknen Sie den Braten mit einem Papiertuch ab. Kombinieren Sie schwarzen Pfeffer, Zwiebelpulver und Salz in einer kleinen Schüssel und reiben Sie die Mischung über den Braten. Legen Sie den gewürzten Braten in einen Slow Cooker.

Brühe, Salatdressing-Mischung, Lorbeerblatt und Knoblauch in den Slow Cooker geben. Kombinieren Sie es vorsichtig. Schließen und 12 Stunden auf niedrige Garzeit stellen. Nach dem Garen das Lorbeerblatt entfernen.

Nehmen Sie das gekochte Rindfleisch heraus und zerkleinern Sie das Rindfleisch. Legen Sie das zerkleinerte Rindfleisch zurück und fügen Sie Paprika hinzu. Paprika und Peperoncino in den Slow Cooker geben. Den Herd abdecken und 1 Stunde bei schwacher Hitze garen. Vor dem Servieren jedes Brot mit 3 Unzen der Fleischmischung belegen. Mit einer Käsescheibe belegen. Die flüssige Soße kann als Dip verwendet werden.

Ernährung (für 100g): 442 Kalorien 11,5 g Fett 37 g Kohlenhydrate 49 g Protein 735 mg Natrium

Mediterraner Schweinebraten

Zubereitungszeit: 10 Minuten

Kochzeit : 8 Stunden und 10 Minuten

Portionen: 6

Schwierigkeitsgrad : Durchschnitt

ZUTATEN:

- 2 Esslöffel Olivenöl
- 2 Pfund Schweinebraten
- ½ Teelöffel Paprika
- ¾ Tasse Hühnerbrühe
- 2 Teelöffel getrockneter Salbei
- ½ Esslöffel Knoblauch gehackt
- ¼ Teelöffel getrockneter Majoran
- ¼ Teelöffel getrockneter Rosmarin
- 1 Teelöffel Oregano
- ¼ Teelöffel getrockneter Thymian
- 1 Teelöffel Basilikum
- ¼ Teelöffel koscheres Salz

Richtungen:

In einer kleinen Schüssel Brühe, Öl, Salz und Gewürze mischen. In eine Pfanne Olivenöl gießen und auf mittlere Hitze erhitzen. Das Schweinefleisch hineingeben und braten, bis alle Seiten braun sind.

Das Schweinefleisch nach dem Garen herausnehmen und den Braten rundherum mit einem Messer einstechen. Legen Sie den gestochenen Schweinebraten in einen 6-Liter-Topftopf. Gießen Sie nun die kleine Schüssel-Mischungsflüssigkeit über den Braten.

Topftopf verschließen und 8 Stunden auf niedriger Stufe kochen. Nach dem Garen aus dem Topf nehmen, auf ein Schneidebrett legen und in Stücke schneiden. Danach das zerkleinerte Schweinefleisch wieder in den Crockpot geben. Köcheln Sie es weitere 10 Minuten. Zusammen mit Feta-Käse, Fladenbrot und Tomaten servieren.

Ernährung (für 100g): 361 Kalorien 10,4 g Fett 0,7 g Kohlenhydrate 43,8 g Protein 980 mg Natrium

Rindfleischpizza

Zubereitungszeit: 20 Minuten

Kochzeit : 50 Minuten

Portionen: 10

Schwierigkeitsgrad: Schwer D

Zutaten:

- **Für Kruste:**
  - 3 Tassen Allzweckmehl
  - 1 Esslöffel Zucker
  - 2¼ Teelöffel aktive Trockenhefe
  - 1 Teelöffel Salz
  - 2 Esslöffel Olivenöl
  - 1 Tasse warmes Wasser

- **Zum Bestreichen:**
  - 1 Pfund Hackfleisch
  - 1 mittelgroße Zwiebel, gehackt
  - 2 Esslöffel Tomatenmark
  - 1 Esslöffel gemahlener Kreuzkümmel
  - Salz und gemahlener schwarzer Pfeffer nach Bedarf
  - ¼ Tasse Wasser
  - 1 Tasse frischer Spinat, gehackt

- 8 Unzen Artischockenherzen, geviertelt
- 4 Unzen frische Champignons, in Scheiben geschnitten
- 2 Tomaten, gehackt
- 4 Unzen Feta-Käse, zerbröckelt

Richtungen:

Für Kruste:

Mehl, Zucker, Hefe und Salz mit einer Küchenmaschine mit dem Knethaken mischen. 2 EL Öl und warmes Wasser dazugeben und zu einem glatten und elastischen Teig kneten.

Aus dem Teig eine Kugel formen und etwa 15 Minuten ruhen lassen.

Den Teig auf eine leicht bemehlte Fläche legen und zu einem Kreis ausrollen. Den Teig in eine leicht gefettete runde Pizzaform geben und leicht andrücken. Etwa 10-15 Minuten beiseite stellen. Die Kruste mit etwas Öl bestreichen. Den Ofen auf 400 Grad F vorheizen.

Zum Bestreichen:

Rindfleisch in einer beschichteten Pfanne bei mittlerer Hitze etwa 4-5 Minuten braten. Die Zwiebel untermischen und etwa 5 Minuten kochen lassen, dabei häufig umrühren. Tomatenmark, Kreuzkümmel, Salz, schwarzen Pfeffer und Wasser hinzufügen und verrühren.

Stellen Sie die Hitze auf mittlere und kochen Sie für etwa 5-10 Minuten. Vom Herd nehmen und beiseite stellen. Die Rindfleischmischung auf den Pizzaboden legen und mit dem Spinat belegen, gefolgt von den Artischocken, Champignons, Tomaten und Feta-Käse.

Backen, bis der Käse geschmolzen ist. Aus dem Ofen nehmen und vor dem Anschneiden etwa 3-5 Minuten ruhen lassen. In Scheiben der gewünschten Größe schneiden und servieren.

Ernährung (für 100g): 309 Kalorien 8,7 g Fett 3,7 g Kohlenhydrate 3,3 g Protein 732 mg Natrium

Rindfleisch & Bulgur Frikadellen

Zubereitungszeit: 20 Minuten

Kochzeit : 28 Minuten

Portionen: 6

Schwierigkeitsgrad : Durchschnitt

ZUTATEN:

- ¾ Tasse ungekochter Bulgur
- 1 Pfund Hackfleisch
- ¼ Tasse Schalotten, gehackt
- ¼ Tasse frische Petersilie, gehackt
- ½ Teelöffel gemahlener Piment
- ½ Teelöffel gemahlener Kreuzkümmel
- ½ Teelöffel gemahlener Zimt
- ¼ TL rote Paprikaflocken, zerdrückt
- Salz, nach Bedarf
- 1 Esslöffel Olivenöl

Richtungen:

In einer großen Schüssel mit kaltem Wasser den Bulgur etwa 30 Minuten einweichen. Den Bulgur gut abtropfen lassen und dann mit den Händen ausdrücken, um das überschüssige Wasser zu entfernen. In einer Küchenmaschine Bulgur, Rindfleisch, Schalotten, Petersilie, Gewürze, Salz und Hülsenfrüchte zugeben, bis eine glatte Masse entsteht.

Die Mischung in eine Schüssel geben und zugedeckt etwa 30 Minuten kalt stellen. Aus dem Kühlschrank nehmen und aus der Rindermischung gleichgroße Kugeln formen. In einer großen beschichteten Pfanne das Öl bei mittlerer bis hoher Hitze erhitzen und die Fleischbällchen in 2 Portionen etwa 13-14 Minuten kochen, dabei häufig wenden. Warm servieren.

Ernährung (für 100g): 228 Kalorien 7,4 g Fett 0,1 g Kohlenhydrate 3,5 g Protein 766 mg Natrium

Leckeres Rindfleisch und Brokkoli

Zubereitungszeit: 10 Minuten

Kochzeit : 15 Minuten

Portionen: 4

Schwierigkeitsgrad: Leicht

ZUTATEN:

- 1 und ½ Pfund. Flankensteak
- 1 EL. Olivenöl
- 1 EL. Tamari-Sauce
- 1 Tasse Rinderfond
- 1 Pfund Brokkoli, Röschen getrennt

Richtungen:

Steakstreifen mit Öl und Tamari mischen, schwenken und 10 Minuten ruhen lassen. Wählen Sie Ihren Instant-Topf im Sauté-Modus, legen Sie die Rindfleischstreifen und bräunen Sie sie für 4 Minuten auf jeder Seite. Brühe einrühren, Topf wieder zudecken und 8 Minuten auf höchster Stufe kochen. Brokkoli einrühren, abdecken und weitere 4 Minuten auf höchster Stufe kochen. Alles auf Teller verteilen und servieren. Genießen!

Ernährung (für 100g): 312 Kalorien 5 g Fett 20 g Kohlenhydrate 4 g Protein 694 mg Natrium

Rindfleisch Mais Chili

Zubereitungszeit: 8-10 Minuten

Kochzeit : 30 Minuten

Portionen: 8

Schwierigkeitsgrad : Durchschnitt

ZUTATEN:

- 2 kleine Zwiebeln, gehackt (fein)
- ¼ Tasse Dosenmais
- 1 Esslöffel Öl
- 10 Unzen mageres Rinderhackfleisch
- 2 kleine Chilischoten, gewürfelt

Richtungen:

Schalten Sie den Instant-Topf ein. Klicken Sie auf „SAUTEN". Gießen Sie das Öl und rühren Sie dann die Zwiebeln, Chilischote und das Rindfleisch unter; kochen, bis sie durchscheinend und weich sind. Gießen Sie die 3 Tassen Wasser in den Kochtopf; gut mischen.

Verschließen Sie den Deckel. Wählen Sie „FLEISCH/STEW". Stellen Sie den Timer auf 20 Minuten ein. Kochen lassen, bis der Timer auf Null geht.

Klicken Sie auf „CANCEL" und dann auf „NPR", um den natürlichen Druck für etwa 8-10 Minuten zu lösen. Öffnen Sie die Schüssel und legen Sie sie in Servierplatten. Dienen.

Ernährung (für 100g): 94 Kalorien 5 g Fett 2 g Kohlenhydrate 7 g Protein 477 mg Natrium

Balsamico-Rindfleischgericht

Vorbereitungszeit: 5 Minuten

Kochzeit : 55 Minuten

Portionen: 8

Schwierigkeitsgrad : Durchschnitt

ZUTATEN:

- 3 Pfund Chuck Braten
- 3 Knoblauchzehen, in dünne Scheiben geschnitten
- 1 Esslöffel Öl
- 1 Teelöffel aromatisierter Essig
- ½ Teelöffel Pfeffer
- ½ Teelöffel Rosmarin
- 1 Esslöffel Butter
- ½ Teelöffel Thymian
- ¼ Tasse Balsamico-Essig
- 1 Tasse Rinderbrühe

Richtungen:

Die Schlitze in den Braten einschneiden und rundherum mit Knoblauchscheiben füllen. Kombinieren Sie aromatisierten Essig, Rosmarin, Pfeffer, Thymian und reiben Sie die Mischung über den Braten. Wählen Sie den Topf auf Sauté-Modus und mischen Sie das Öl ein, lassen Sie das Öl erhitzen. Beide Seiten des Bratens anbraten.

Nehmen Sie es heraus und legen Sie es beiseite. Butter, Brühe, Balsamico-Essig einrühren und den Topf ablöschen. Den Braten zurückgeben und den Deckel schließen, dann 40 Minuten lang bei HOCHDRUCK garen.

Führen Sie eine Schnellfreigabe durch. Dienen!

Ernährung (für 100g): 393 Kalorien 15 g Fett 25 g Kohlenhydrate 37 g Protein 870 mg Natrium

Sojasauce Rinderbraten

Zubereitungszeit: 8 Minuten

Kochzeit : 35 Minuten

Portionen: 2-3

Schwierigkeitsgrad : Durchschnitt

ZUTATEN:

- ½ Teelöffel Rinderbouillon
- 1 ½ Teelöffel Rosmarin
- ½ Teelöffel gehackter Knoblauch
- 2 Pfund Roastbeef
- 1/3 Tasse Sojasauce

Richtungen:

Sojasauce, Bouillon, Rosmarin und Knoblauch in einer Rührschüssel vermischen.

Schalten Sie Ihren Instant Pot ein. Legen Sie den Braten und gießen Sie genug Wasser ein, um den Braten zu bedecken; vorsichtig umrühren, um sich gut zu vermischen. Verschließen Sie es fest.

Klicken Sie auf „FLEISCH/STEW" Kochfunktion; Stellen Sie die Druckstufe auf „HIGH" und stellen Sie die Garzeit auf 35 Minuten ein. Lassen Sie den Druck aufbauen, um die Zutaten zu kochen. Wenn Sie fertig sind, klicken Sie auf die Einstellung „CANCEL" und dann auf die Kochfunktion „NPR", um den Druck auf natürliche Weise abzulassen.

Öffnen Sie nach und nach den Deckel und zerkleinern Sie das Fleisch. Das zerkleinerte Fleisch wieder in die Blumenerde mischen und gut umrühren. In Servierbehälter umfüllen. Warm servieren.

Ernährung (für 100g): 423 Kalorien 14 g Fett 12 g Kohlenhydrate 21 g Protein 884 mg Natrium

Rosmarin Rindfleisch Chuck Roast

Vorbereitungszeit: 5 Minuten

Kochzeit : 45 Minuten

Portionen: 5-6

Schwierigkeitsgrad : Durchschnitt

ZUTATEN:

- 3 Pfund Chuck Rinderbraten
- 3 Knoblauchzehen
- ¼ Tasse Balsamico-Essig
- 1 Zweig frischer Rosmarin
- 1 Zweig frischer Thymian
- 1 Tasse Wasser
- 1 Esslöffel Pflanzenöl
- Salz und Pfeffer nach Geschmack

Richtungen:

Den Rinderbraten in Scheiben schneiden und die Knoblauchzehen hineinlegen. Den Braten mit Kräutern, schwarzem Pfeffer und Salz einreiben. Heizen Sie Ihren Instant-Topf mit der Saute-Einstellung vor und gießen Sie das Öl ein. Nach dem Erwärmen den Rinderbraten untermischen und unter Rühren braten, bis er von allen Seiten gebräunt ist. Fügen Sie die restlichen Zutaten hinzu; vorsichtig umrühren.

Fest verschließen und 40 Minuten auf hoher Stufe mit manueller Einstellung kochen. Lassen Sie den Druck auf natürliche Weise ab, etwa 10 Minuten. Den Rinderbraten abdecken und auf die Servierplatten legen, in Scheiben schneiden und servieren.

Ernährung (für 100g): 542 Kalorien 11,2 g Fett 8,7 g Kohlenhydrate 55,2 g Protein 710 mg Natrium

Schweinekoteletts und Tomatensauce

Zubereitungszeit: 10 Minuten

Kochzeit : 20 Minuten

Portionen: 4

Schwierigkeitsgrad: Leicht

ZUTATEN:

- 4 Schweinekoteletts, ohne Knochen
- 1 Esslöffel Sojasauce
- ¼ Teelöffel Sesamöl
- 1 und ½ Tassen Tomatenmark
- 1 gelbe Zwiebel
- 8 Champignons, in Scheiben geschnitten

Richtungen:

In einer Schüssel Schweinekoteletts mit Sojasauce und Sesamöl mischen, schwenken und 10 Minuten ziehen lassen. Stellen Sie Ihren Instant-Topf auf den Sauté-Modus, fügen Sie Schweinekoteletts hinzu und bräunen Sie sie 5 Minuten lang auf jeder Seite. Zwiebel einrühren und weitere 1-2 Minuten kochen. Tomatenmark und Champignons hinzufügen, schwenken, abdecken und 8-9 Minuten auf höchster Stufe kochen. Alles auf Teller verteilen und servieren. Genießen!

Ernährung (für 100g): 300 Kalorien 7 g Fett 18 g Kohlenhydrate 4 g Protein 801 mg Natrium

Hühnchen mit Kapernsauce

Zubereitungszeit: 10 Minuten

Kochzeit : 18 Minuten

Portionen: 5

Schwierigkeitsgrad: Schwer D

Zutaten:

- Für Hühnchen:
  - 2 Eier
  - Salz und gemahlener schwarzer Pfeffer nach Bedarf
  - 1 Tasse trockene Semmelbrösel
  - 2 Esslöffel Olivenöl
  - 1½ Pfund Hähnchenbrusthälften ohne Haut, ohne Knochen, auf "Zoll Dicke geschlagen und in Stücke geschnitten"

- Für Kapernsauce:
  - 3 Esslöffel Kapern
  - ½ Tasse trockener Weißwein
  - 3 EL frischer Zitronensaft lemon
  - Salz und gemahlener schwarzer Pfeffer nach Bedarf
  - 2 EL frische Petersilie, gehackt

Richtungen:

Für Hühnchen: In einer flachen Schüssel die Eier, Salz und schwarzen Pfeffer hinzufügen und schlagen, bis alles gut vermischt ist. In eine andere flache Schüssel Semmelbrösel geben. Die Hähnchenteile in der Eiermischung einweichen und dann gleichmäßig mit den Semmelbröseln bestreichen. Überschüssige Semmelbrösel abschütteln.

Kochen Sie das Öl bei mittlerer Hitze und kochen Sie die Hähnchenteile für etwa 5-7 Minuten pro Seite oder bis zum gewünschten Gargrad. Mit einem Schaumlöffel die Hähnchenteile auf einen mit Küchenpapier ausgelegten Teller legen. Mit einem Stück Folie die Hähnchenteile abdecken, um sie warm zu halten.

In dieselbe Pfanne alle Saucenzutaten außer Petersilie geben und unter ständigem Rühren etwa 2-3 Minuten kochen lassen. Petersilie untermischen und vom Herd nehmen. Servieren Sie die Hähnchenstücke mit dem Topping von Kapernsauce.

Ernährung (für 100g): 352 Kalorien 13,5 g Fett 1,9 g Kohlenhydrate 1,2 g Protein 741 mg Natrium

Putenburger mit Mango-Salsa

Zubereitungszeit: 15 Minuten

Kochzeit : 10 Minuten

Portionen: 6

Schwierigkeitsgrad: Leicht

ZUTATEN:

- 1½ Pfund gemahlene Putenbrust
- 1 Teelöffel Meersalz, geteilt
- ¼ Teelöffel frisch gemahlener schwarzer Pfeffer
- 2 Esslöffel natives Olivenöl extra
- 2 Mangos, geschält, entkernt und gewürfelt
- ½ rote Zwiebel, fein gehackt
- Saft von 1 Limette
- 1 Knoblauchzehe, gehackt
- ½ Jalapeño-Pfeffer, entkernt und fein gehackt
- 2 EL gehackte frische Korianderblätter

Richtungen:

Aus der Putenbrust 4 Patties formen und mit ½ TL Meersalz und Pfeffer würzen. Das Olivenöl in einer beschichteten Pfanne erhitzen, bis es schimmert. Die Puten-Patties dazugeben und ca. 5 Minuten pro Seite braten, bis sie gebräunt sind. Während die Patties kochen, mischen Sie Mango, rote Zwiebel, Limettensaft, Knoblauch, Jalapeño, Koriander und den restlichen ½ Teelöffel Meersalz in einer kleinen Schüssel. Die Salsa über die Puten-Patties geben und servieren.

Ernährung (für 100g): 384 Kalorien 3g Fett 27g Kohlenhydrate 34g Protein 692mg Natrium

In Kräutern gebratene Putenbrust

Zubereitungszeit: 15 Minuten

Kochzeit : 1½ Stunden (plus 20 Minuten Ruhezeit)

Portionen: 6

Schwierigkeitsgrad : Durchschnitt

ZUTATEN:

- 2 Esslöffel natives Olivenöl extra
- 4 Knoblauchzehen, gehackt
- Schale von 1 Zitrone
- 1 Esslöffel gehackte frische Thymianblätter
- 1 EL gehackte frische Rosmarinblätterm
- 2 Esslöffel gehackte frische italienische Petersilienblätter
- 1 Teelöffel gemahlener Senf
- 1 Teelöffel Meersalz
- ¼ Teelöffel frisch gemahlener schwarzer Pfeffer
- 1 (6 Pfund) entbeinte Putenbrust mit Haut
- 1 Tasse trockener Weißwein

Richtungen:

Heizen Sie den Ofen auf 325 ° F vor. Olivenöl, Knoblauch, Zitronenschale, Thymian, Rosmarin, Petersilie, Senf, Meersalz und Pfeffer mischen. Die Putenbrust mit der Kräutermischung gleichmäßig bestreichen, die Haut lösen und ebenfalls darunter reiben. Putenbrust mit der Hautseite nach oben in einen Bräter auf einem Rost legen.

Gießen Sie den Wein in die Pfanne. 1 bis 1½ Stunden braten, bis der Truthahn eine Innentemperatur von 165 Grad F erreicht hat. Aus dem Ofen nehmen und 20 Minuten separat mit Aluminiumfolie warmhalten lassen, bevor er angeschnitten wird.

Ernährung (für 100g): 392 Kalorien 1g Fett 2g Kohlenhydrate 84g Protein 741mg Natrium

Hühnerwurst und Paprika

Zubereitungszeit: 10 Minuten

Kochzeit : 20 Minuten

Portionen: 6

Schwierigkeitsgrad : Durchschnitt

ZUTATEN:

- 2 Esslöffel natives Olivenöl extra
- 6 italienische Hühnerwurst-Links
- 1 Zwiebel
- 1 rote Paprika
- 1 grüne Paprika
- 3 Knoblauchzehen, gehackt
- ½ Tasse trockener Weißwein
- ½ Teelöffel Meersalz
- ¼ Teelöffel frisch gemahlener schwarzer Pfeffer
- Prise rote Paprikaflocken

Richtungen:

Das Olivenöl in einer großen Pfanne erhitzen, bis es schimmert. Fügen Sie die Würste hinzu und kochen Sie sie 5 bis 7 Minuten lang, wenden Sie sie gelegentlich, bis sie gebräunt sind und eine Innentemperatur von 165 ° F erreichen. Mit einer Zange die Wurst aus der Pfanne nehmen und auf einer mit Alufolie abgedeckten Platte warmhalten.

Bringen Sie die Pfanne zum Herd und mischen Sie die Zwiebel, die rote Paprika und die grüne Paprika unter. Kochen und gelegentlich umrühren, bis das Gemüse zu bräunen beginnt. Den Knoblauch dazugeben und 30 Sekunden unter ständigem Rühren kochen.

Wein, Meersalz, Pfeffer und rote Paprikaflocken einrühren. Ziehen Sie alle gebräunten Stücke vom Boden der Pfanne heraus und falten Sie sie unter. Unter Rühren weitere 4 Minuten köcheln lassen, bis sich die Flüssigkeit auf die Hälfte reduziert hat. Die Paprika über die Würstchen geben und servieren.

Ernährung (für 100g): 173 Kalorien 1g Fett 6g Kohlenhydrate 22g Protein 582mg Natrium

Hühnchen Piccata

Zubereitungszeit: 10 Minuten

Kochzeit : 15 Minuten

Portionen: 6

Schwierigkeitsgrad : Durchschnitt

ZUTATEN:

- ½ Tasse Vollkornmehl
- ½ Teelöffel Meersalz
- 1/8 Teelöffel frisch gemahlener schwarzer Pfeffer
- 1½ Pfund Hähnchenbrust, in 6 Stücke geschnitten
- 3 Esslöffel natives Olivenöl extra
- 1 Tasse ungesalzene Hühnerbrühe
- ½ Tasse trockener Weißwein
- Saft von 1 Zitrone
- Schale von 1 Zitrone
- ¼ Tasse Kapern, abgetropft und abgespült
- ¼ Tasse gehackte frische Petersilienblätter

Richtungen:

In einer flachen Schüssel Mehl, Meersalz und Pfeffer verquirlen. Das Hähnchen im Mehl durchkämmen und den Überschuss abklopfen. Kochen Sie das Olivenöl, bis es schimmert.

Legen Sie das Hühnchen hinein und kochen Sie es etwa 4 Minuten pro Seite, bis es braun ist. Das Hähnchen aus der Pfanne nehmen und beiseite stellen, mit Alufolie abgedeckt warm halten.

Stellen Sie die Pfanne wieder auf die Hitze und rühren Sie die Brühe, den Wein, den Zitronensaft, die Zitronenschale und die Kapern ein. Verwenden Sie die Seite einer Löffelschaufel und heben Sie alle gebräunten Stücke vom Boden der Pfanne unter. Köcheln lassen, bis die Flüssigkeit eindickt. Nehmen Sie die Pfanne vom Herd und nehmen Sie das Huhn zurück in die Pfanne. Wenden Sie sich an den Mantel. Petersilie unterrühren und servieren.

Ernährung (für 100g): 153 Kalorien 2g Fett 9g Kohlenhydrate 8g Protein 692mg Natrium

Toskanisches Hühnchen in einer Pfanne

Zubereitungszeit: 10 Minuten

Kochzeit : 25 Minuten

Portionen: 6

Schwierigkeitsgrad: Schwer D

ZUTATEN:

- ¼ Tasse natives Olivenöl extra, geteilt
- 1 Pfund Hähnchenbrust ohne Knochen, ohne Haut, in -Zoll-Stücke geschnitten
- 1 Zwiebel, gehackt
- 1 rote Paprika, gehackt
- 3 Knoblauchzehen, gehackt
- ½ Tasse trockener Weißwein
- 1 (14-Unzen) Dose zerdrückte Tomaten, nicht entwässert
- 1 (14 Unzen) Dose gehackte Tomaten, abgetropft
- 1 (14-Unzen) Dose weiße Bohnen, abgetropft
- 1 Esslöffel getrocknete italienische Gewürze
- ½ Teelöffel Meersalz
- 1/8 Teelöffel frisch gemahlener schwarzer Pfeffer
- 1/8 Teelöffel rote Paprikaflocken
- ¼ Tasse gehackte frische Basilikumblätter

Richtungen:

2 Esslöffel Olivenöl kochen, bis es schimmert. Das Hühnchen untermischen und braten, bis es braun ist. Das Hähnchen aus der Pfanne nehmen und auf einer mit Alufolie abgedeckten Platte warm halten.

Stellen Sie die Pfanne wieder auf die Hitze und erhitzen Sie das restliche Olivenöl. Fügen Sie die Zwiebel und die rote Paprika hinzu. Kochen und rühren Sie selten, bis das Gemüse weich ist. Den Knoblauch dazugeben und 30 Sekunden unter ständigem Rühren kochen.

Den Wein einrühren und mit der Seite des Löffels alle gebräunten Stücke vom Boden der Pfanne entfernen. 1 Minute unter Rühren kochen.

Die zerdrückten und gehackten Tomaten, die weißen Bohnen, das italienische Gewürz, das Meersalz, den Pfeffer und die roten Paprikaflocken untermischen. Köcheln lassen. 5 Minuten kochen lassen, dabei gelegentlich umrühren.

Legen Sie das Huhn zurück und alle Säfte, die sich angesammelt haben, in die Pfanne. Kochen, bis das Huhn durch ist. Vom Herd nehmen und vor dem Servieren das Basilikum einrühren.

Ernährung (für 100g): 271 Kalorien 8 g Fett 29 g Kohlenhydrate 14 g Protein 596 mg Natrium

Huhn Kapama

Zubereitungszeit: 10 Minuten

Kochzeit: 2 Stunden

Portionen: 4

Schwierigkeitsgrad : Durchschnitt

ZUTATEN:

- 1 (32 Unzen) Dose gehackte Tomaten, abgetropft
- ¼ Tasse trockener Weißwein
- 2 Esslöffel Tomatenmark
- 3 Esslöffel natives Olivenöl extra
- ¼ Teelöffel rote Paprikaflocken
- 1 Teelöffel gemahlener Piment
- ½ Teelöffel getrockneter Oregano
- 2 ganze Nelken
- 1 Zimtstange
- ½ Teelöffel Meersalz
- 1/8 Teelöffel frisch gemahlener schwarzer Pfeffer
- 4 Hähnchenbrusthälften ohne Knochen und Haut

Richtungen:

Tomaten, Wein, Tomatenmark, Olivenöl, Paprikaflocken, Piment, Oregano, Nelken, Zimtstange, Meersalz und Pfeffer in einem großen Topf mischen. Zum Köcheln bringen, gelegentlich umrühren. 30 Minuten köcheln lassen, dabei gelegentlich umrühren. Die ganzen Nelken und die Zimtstange aus der Sauce nehmen und entsorgen und die Sauce abkühlen lassen.

Heizen Sie den Ofen auf 350 ° F vor. Legen Sie das Huhn in eine 9 x 13 Zoll große Auflaufform. Die Sauce über das Huhn gießen und die Pfanne mit Alufolie abdecken. Weiter backen, bis die Innentemperatur von 165°F erreicht ist.

Ernährung (für 100g): 220 Kalorien 3g Fett 11g Kohlenhydrate 8g Protein 923mg Natrium

Mit Spinat und Feta gefüllte Hähnchenbrust

Zubereitungszeit: 10 Minuten

Kochzeit : 45 Minuten

Portionen: 4

Schwierigkeitsgrad : Durchschnitt

ZUTATEN:

- 2 Esslöffel natives Olivenöl extra
- 1 Pfund frischer Babyspinat
- 3 Knoblauchzehen, gehackt
- Schale von 1 Zitrone
- ½ Teelöffel Meersalz
- 1/8 Teelöffel frisch gemahlener schwarzer Pfeffer
- ½ Tasse zerbröckelter Feta-Käse
- 4 Hähnchenbrust ohne Knochen und Haut

Richtungen:

Heizen Sie den Ofen auf 350 ° F vor. Das Olivenöl bei mittlerer Hitze kochen, bis es schimmert. Fügen Sie den Spinat hinzu. Weiter kochen und rühren, bis es zusammenfällt.

Knoblauch, Zitronenschale, Meersalz und Pfeffer einrühren. 30 Sekunden unter ständigem Rühren kochen. Etwas abkühlen lassen und den Käse untermischen.

Die Spinat-Käse-Mischung gleichmäßig auf den Hähnchenteilen verteilen und die Brust um die Füllung rollen. Mit Zahnstochern oder Metzgerschnur verschlossen halten. Legen Sie die Brüste in eine 9 x 13 Zoll große

Auflaufform und backen Sie sie 30 bis 40 Minuten lang oder bis das Huhn eine Innentemperatur von 165 ° F hat. Aus dem Ofen nehmen und vor dem Anschneiden und Servieren 5 Minuten ruhen lassen.

Ernährung (für 100g): 263 Kalorien 3g Fett 7g Kohlenhydrate 17g Protein 639mg Natrium

Rosmarin gebackene Hähnchenkeulen

Vorbereitungszeit: 5 Minuten

Kochzeit: 1 Stunde

Portionen: 6

Schwierigkeitsgrad: Leicht

ZUTATEN:

- 2 EL gehackte frische Rosmarinblätter
- 1 Teelöffel Knoblauchpulver
- ½ Teelöffel Meersalz
- 1/8 Teelöffel frisch gemahlener schwarzer Pfeffer
- Schale von 1 Zitrone
- 12 Hähnchenkeulen

Richtungen:

Heizen Sie den Ofen auf 350 ° F vor. Rosmarin, Knoblauchpulver, Meersalz, Pfeffer und Zitronenschale mischen.

Legen Sie die Trommelstöcke in eine 9 x 13 Zoll große Auflaufform und bestreuen Sie sie mit der Rosmarinmischung. Backen, bis das Huhn eine Innentemperatur von 165 ° F erreicht hat.

Ernährung (für 100g): 163 Kalorien 1g Fett 2g Kohlenhydrate 26g Protein 633mg Natrium

Hühnchen mit Zwiebeln, Kartoffeln, Feigen und Karotten

Vorbereitungszeit: 5 Minuten

Kochzeit : 45 Minuten

Portionen: 4

Schwierigkeitsgrad : Durchschnitt

ZUTATEN:

- 2 Tassen Fingerlingkartoffeln, halbiert
- 4 frische Feigen, geviertelt
- 2 Karotten, Julienned
- 2 Esslöffel natives Olivenöl extra
- 1 Teelöffel Meersalz, geteilt
- ¼ Teelöffel frisch gemahlener schwarzer Pfeffer
- 4 Hähnchenschenkel-Oberschenkel-Viertel
- 2 Esslöffel gehackte frische Petersilienblätter

Richtungen:

Den Backofen auf 425 °C vorheizen. In einer kleinen Schüssel Kartoffeln, Feigen und Karotten mit Olivenöl, ½ Teelöffel Meersalz und Pfeffer vermischen. In einer 9 x 13 Zoll großen Auflaufform verteilen.

Das Hähnchen mit dem restlichen t Meersalz würzen. Legen Sie es auf das Gemüse. Backen, bis das Gemüse weich ist und das Huhn eine Innentemperatur von 165°F erreicht. Mit Petersilie bestreuen und servieren.

Ernährung (für 100g): 429 Kalorien 4 g Fett 27 g Kohlenhydrate 52 g Protein 581 mg Natrium

Chicken Gyros mit Tzatziki

Zubereitungszeit: 15 Minuten

Kochzeit : 1 Stunde und 20 Minuten

Portionen: 6

Schwierigkeitsgrad : Durchschnitt

ZUTATEN:

- 1 Pfund gemahlene Hühnerbrust
- 1 Zwiebel, gerieben mit überschüssigem Wasser ausgewrungen
- 2 Esslöffel getrockneter Rosmarin
- 1 Esslöffel getrockneter Majoran
- 6 Knoblauchzehen, gehackt
- ½ Teelöffel Meersalz
- ¼ Teelöffel frisch gemahlener schwarzer Pfeffer
- Tzatziki Sauce

Richtungen:

Heizen Sie den Ofen auf 350 ° F vor. Hühnchen, Zwiebel, Rosmarin, Majoran, Knoblauch, Meersalz und Pfeffer mit der Küchenmaschine mischen. Mischen, bis die Mischung eine Paste bildet. Alternativ diese Zutaten in einer Schüssel gut vermischen (siehe Zubereitungstipp).

Drücken Sie die Mischung in eine Kastenform. Backen, bis es 165 Grad Innentemperatur erreicht. Aus dem Ofen nehmen und vor dem Anschneiden 20 Minuten ruhen lassen.

Den Gyros in Scheiben schneiden und die Tzatziki-Sauce darüber geben.

Ernährung (für 100g): 289 Kalorien 1g Fett 20g Kohlenhydrate 50g Protein 622mg Natrium

Moussaka

Zubereitungszeit: 10 Minuten

Kochzeit : 45 Minuten

Portionen: 8

Schwierigkeitsgrad: Schwer D

ZUTATEN:

- 5 Esslöffel natives Olivenöl extra, geteilt
- 1 Aubergine, in Scheiben (ungeschält)
- 1 Zwiebel, gehackt
- 1 grüne Paprika, entkernt und gehackt
- 1 Pfund gemahlener Truthahn
- 3 Knoblauchzehen, gehackt
- 2 Esslöffel Tomatenmark
- 1 (14 Unzen) Dose gehackte Tomaten, abgetropft
- 1 Esslöffel italienisches Gewürz
- 2 Teelöffel Worcestershiresauce
- 1 Teelöffel getrockneter Oregano
- ½ Teelöffel gemahlener Zimt
- 1 Tasse ungesüßter fettfreier griechischer Naturjoghurt
- 1 Ei, geschlagen
- ¼ Teelöffel frisch gemahlener schwarzer Pfeffer
- ¼ Teelöffel gemahlene Muskatnuss
- ¼ Tasse geriebener Parmesankäse
- 2 Esslöffel gehackte frische Petersilienblätter

Richtungen:

Den Backofen auf 400 °C vorheizen. 3 EL Olivenöl kochen, bis es schimmert. Die Auberginenscheiben dazugeben und 3 bis 4 Minuten pro Seite anbraten. Zum Abtropfen auf Küchenpapier übertragen.

Stellen Sie die Pfanne wieder auf die Hitze und gießen Sie die restlichen 2 Esslöffel Olivenöl ein. Fügen Sie die Zwiebel und die grüne Paprika hinzu. Weiter kochen, bis das Gemüse weich ist. Aus der Pfanne nehmen und beiseite stellen.

Ziehen Sie die Pfanne auf die Hitze und rühren Sie den Truthahn ein. Etwa 5 Minuten braten, mit einem Löffel zerbröseln, bis sie gebräunt sind. Knoblauch einrühren und unter ständigem Rühren 30 Sekunden braten.

Tomatenmark, Tomaten, italienische Gewürze, Worcestershire-Sauce, Oregano und Zimt unterrühren. Zwiebel und Paprika zurück in die Pfanne geben. 5 Minuten unter Rühren kochen. Joghurt, Ei, Pfeffer, Muskatnuss und Käse verrühren.

Ordnen Sie die Hälfte der Fleischmischung in einer 9 x 13 Zoll großen Auflaufform an. Mit der Hälfte der Aubergine belegen. Fügen Sie die restliche Fleischmischung und die restliche Aubergine hinzu. Mit der Joghurtmischung bestreichen. Backen, bis sie goldbraun sind. Mit Petersilie garnieren und servieren.

Ernährung (für 100g): 338 Kalorien 5g Fett 16g Kohlenhydrate 28g Protein 569mg Natrium

Schweinefilet aus Dijon und Kräutern

Zubereitungszeit: 10 Minuten

Kochzeit : 30 Minuten

Portionen: 6

Schwierigkeitsgrad : Durchschnitt

ZUTATEN:

- ½ Tasse frische italienische Petersilienblätter, gehackt
- 3 EL frische Rosmarinblätter, gehackt
- 3 EL frische Thymianblätter, gehackt
- 3 Esslöffel Dijon-Senf
- 1 Esslöffel natives Olivenöl extra
- 4 Knoblauchzehen, gehackt
- ½ Teelöffel Meersalz
- ¼ Teelöffel frisch gemahlener schwarzer Pfeffer
- 1 (1½ Pfund) Schweinefilet

Richtungen:

Den Backofen auf 400 °C vorheizen. Petersilie, Rosmarin, Thymian, Senf, Olivenöl, Knoblauch, Meersalz und Pfeffer mischen. Etwa 30 Sekunden lang glatt rühren. Die Masse gleichmäßig auf dem Schweinefleisch verteilen und auf ein Backblech mit Rand legen.

Backen, bis das Fleisch eine Innentemperatur von 140 °F erreicht. Aus dem Ofen nehmen und vor dem Anschneiden und Servieren 10 Minuten ruhen lassen.

Ernährung (für 100g): 393 Kalorien 3g Fett 5g Kohlenhydrate 74g Protein 697mg Natrium

Steak mit Rotwein-Pilzsauce

Vorbereitungszeit : Minuten plus 8 Stunden zum Marinieren

Kochzeit : 20 Minuten

Portionen: 4

Schwierigkeitsgrad: Schwer D

ZUTATEN:

- Für die Marinade und das Steak
  - 1 Tasse trockener Rotwein
  - 3 Knoblauchzehen, gehackt
  - 2 Esslöffel natives Olivenöl extra
  - 1 Esslöffel natriumarme Sojasauce
  - 1 Esslöffel getrockneter Thymian
  - 1 Teelöffel Dijon-Senf
  - 2 Esslöffel natives Olivenöl extra
  - 1 bis 1½ Pfund Rocksteak, Flat Iron Steak oder Tri-Tip Steak

- Für die Pilzsauce
  - 2 Esslöffel natives Olivenöl extra
  - 1 Pfund Cremini-Pilze, geviertelt
  - ½ Teelöffel Meersalz
  - 1 Teelöffel getrockneter Thymian
  - 1/8 Teelöffel frisch gemahlener schwarzer Pfeffer
  - 2 Knoblauchzehen, gehackt

- 1 Tasse trockener Rotwein

Richtungen:

Für die Marinade und das Steak

In einer kleinen Schüssel Wein, Knoblauch, Olivenöl, Sojasauce, Thymian und Senf verquirlen. In einen wiederverschließbaren Beutel füllen und das Steak dazugeben. Kühlen Sie das Steak zum Marinieren für 4 bis 8 Stunden. Das Steak aus der Marinade nehmen und mit Küchenpapier trocken tupfen.

Das Olivenöl in einer großen Pfanne erhitzen, bis es schimmert.

Legen Sie das Steak hin und garen Sie es etwa 4 Minuten pro Seite, bis es auf jeder Seite tief gebräunt ist und das Steak eine Innentemperatur von 140 ° F erreicht. Nehmen Sie das Steak aus der Pfanne und legen Sie es auf einen mit Aluminiumfolie bedeckten Teller, um es warm zu halten, während Sie die Pilzsauce zubereiten.

Wenn die Pilzsauce fertig ist, schneide das Steak gegen die Faser in ½ Zoll dicke Scheiben.

Für die Pilzsauce

Öl in derselben Pfanne bei mittlerer Hitze kochen. Champignons, Meersalz, Thymian und Pfeffer hinzufügen. 6 Minuten unter sehr seltenem Rühren kochen, bis die Pilze gebräunt sind.

Den Knoblauch anbraten. Den Wein einrühren und mit der Seite eines Holzlöffels alle gebräunten Stücke vom Boden der Pfanne entfernen. Kochen, bis sich die Flüssigkeit auf die Hälfte reduziert hat. Die Pilze über das Steak gelöffelt servieren.

Ernährung (für 100g): 405 Kalorien 5g Fett 7g Kohlenhydrate 33g Protein 842mg Natrium

Griechische Fleischbällchen

Zubereitungszeit: 20 Minuten

Kochzeit : 25 Minuten

Portionen: 4

Schwierigkeitsgrad : Durchschnitt

ZUTATEN:

- 2 Vollkornbrotscheiben
- 1¼ Pfund gemahlener Truthahn
- 1 Ei
- ¼ Tasse gewürzte Vollkornbrotbrösel
- 3 Knoblauchzehen, gehackt
- ¼ rote Zwiebel, gerieben
- ¼ Tasse gehackte frische italienische Petersilienblätter
- 2 Esslöffel gehackte frische Minzblätter
- 2 Esslöffel gehackte frische Oreganoblätter
- ½ Teelöffel Meersalz
- ¼ Teelöffel frisch gemahlener schwarzer Pfeffer

Richtungen:

Heizen Sie den Ofen auf 350 ° F vor. Lege Pergamentpapier oder Alufolie auf das Backblech. Halten Sie das Brot unter Wasser, um es zu befeuchten, und drücken Sie überschüssiges Brot aus. Nasses Brot in kleine Stücke zerkleinern und in eine mittelgroße Schüssel geben.

Truthahn, Ei, Semmelbrösel, Knoblauch, rote Zwiebel, Petersilie, Minze, Oregano, Meersalz und Pfeffer hinzufügen. Gut mischen. Aus der Mischung

¼-tassengroße Kugeln formen. Legen Sie die Fleischbällchen auf das vorbereitete Blech und backen Sie sie etwa 25 Minuten lang oder bis die Innentemperatur 165 ° F erreicht hat.

Ernährung (für 100g): 350 Kalorien 6 g Fett 10 g Kohlenhydrate 42 g Protein 842 mg Natrium

Lamm mit Bohnen

Zubereitungszeit: 10 Minuten

Kochzeit: 1 Stunde

Portionen: 6

Schwierigkeitsgrad: Schwer D

ZUTATEN:

- ¼ Tasse natives Olivenöl extra, geteilt
- 6 Lammkoteletts, von zusätzlichem Fett befreit
- 1 Teelöffel Meersalz, geteilt
- ½ Teelöffel frisch gemahlener schwarzer Pfeffer
- 2 Esslöffel Tomatenmark
- 1½ Tassen heißes Wasser
- 1 Pfund grüne Bohnen, getrimmt und quer halbiert
- 1 Zwiebel, gehackt
- 2 Tomaten, gehackt

Richtungen:

Kochen Sie 2 Esslöffel Olivenöl in einer großen Pfanne, bis es schimmert. Die Lammkoteletts mit ½ Teelöffel Meersalz und 1/8 Teelöffel Pfeffer würzen. Das Lammfleisch im heißen Öl ca. 4 Minuten pro Seite anbraten, bis es auf beiden Seiten gebräunt ist. Das Fleisch auf eine Platte legen und beiseite stellen.

Stellen Sie die Pfanne wieder auf die Hitze und geben Sie die restlichen 2 Esslöffel Olivenöl hinzu. Erhitzen, bis es schimmert.

In einer Schüssel das Tomatenmark in heißem Wasser schmelzen. Fügen Sie es zusammen mit den grünen Bohnen, Zwiebeln, Tomaten und dem restlichen ½ Teelöffel Meersalz und ¼ Teelöffel Pfeffer in die heiße Pfanne. Zum Köcheln bringen und mit einer Löffelseite die gebräunten Stücke vom Boden der Pfanne kratzen.

Die Lammkoteletts zurück in die Pfanne geben. Aufkochen lassen und die Hitze auf mittel-niedrig stellen. 45 Minuten köcheln lassen, bis die Bohnen weich sind, und nach Bedarf zusätzliches Wasser hinzufügen, um die Dicke der Sauce anzupassen.

Ernährung (für 100g): 439 Kalorien 4 g Fett 10 g Kohlenhydrate 50 g Protein 745 mg Natrium

Hühnchen in Tomaten-Balsamico-Pfannensauce

Zubereitungszeit: 10 Minuten

Kochzeit : 20 Minuten

Portionen: 4

Schwierigkeitsgrad : Durchschnitt

ZUTATEN

- 2 (je 8 oz. oder 226,7 g) Hähnchenbrust ohne Knochen, ohne Haut
- ½ TL. Salz-
- ½ TL. gemahlener Pfeffer
- 3 EL. Natives Olivenöl extra
- ½ c. halbierte Kirschtomaten
- 2 EL. in Scheiben geschnittene Schalotten
- ¼ c. Balsamico Essig
- 1 EL. zerhackter Knoblauch
- 1 EL. geröstete Fenchelsamen, zerdrückt
- 1 EL. Butter

Richtungen:

Schneiden Sie die Hähnchenbrüste in 4 Stücke und schlagen Sie sie mit einem Hammer, bis sie eine Dicke von ¼ Zoll erreicht haben. Verwenden Sie ¼ Teelöffel Pfeffer und Salz, um das Huhn zu bestreichen. Zwei Esslöffel Öl in einer Pfanne erhitzen und die Hitze auf mittlerer Stufe halten. Die Hähnchenbrust von beiden Seiten drei Minuten braten. Legen Sie es auf eine Servierplatte und decken Sie es mit Folie ab, um es warm zu halten.

Einen Esslöffel Öl, Schalotten und Tomaten in eine Pfanne geben und kochen, bis sie weich sind. Fügen Sie Essig hinzu und kochen Sie die Mischung, bis sich der Essig auf die Hälfte reduziert hat. Fenchelsamen, Knoblauch, Salz und Pfeffer dazugeben und etwa vier Minuten kochen lassen. Vom Herd nehmen und mit Butter verrühren. Gießen Sie diese Sauce über das Huhn und servieren Sie es.

Ernährung (für 100g): 294 Kalorien 17 g Fett 10 g Kohlenhydrate 2 g Protein 639 mg Natrium

Brauner Reis, Feta, frische Erbsen und Minzsalat

Zubereitungszeit: 10 Minuten

Kochzeit : 25 Minuten

Portionen: 4

Schwierigkeitsgrad: Leicht

ZUTATEN:

- 2 c. brauner Reis
- 3 c. Wasser
- Salz
- 5 Unzen. oder 141,7 g zerbröckelter Feta-Käse
- 2 c. gekochte Erbsen
- ½ c. gehackte Minze, frisch
- 2 EL. Olivenöl
- Salz und Pfeffer

Richtungen:

Braunen Reis, Wasser und Salz bei mittlerer Hitze in einen Topf geben, abdecken und zum Sieden bringen. Drehen Sie die niedrigere Hitze und lassen Sie es kochen, bis sich das Wasser aufgelöst hat und der Reis weich, aber zäh ist. Vollständig auskühlen lassen

Feta, Erbsen, Minze, Olivenöl, Salz und Pfeffer mit dem abgekühlten Reis in eine Salatschüssel geben und vermengen. Servieren und genießen!

Ernährung (für 100g): 613 Kalorien 18,2 g Fett 45 g Kohlenhydrate 12 g Protein 755 mg Natrium

Vollkorn-Pitabrot gefüllt mit Oliven und Kichererbsen

Zubereitungszeit: 10 Minuten

Kochzeit : 20 Minuten

Portionen: 2

Schwierigkeitsgrad : Durchschnitt

ZUTATEN:

- 2 Vollkorn-Pita-Taschen
- 2 EL. Olivenöl
- 2 Knoblauchzehen, gehackt
- 1 Zwiebel, gehackt
- ½ TL. Kreuzkümmel
- 10 schwarze Oliven, gehackt
- 2 c. gekochte Kichererbsen
- Salz und Pfeffer

Richtungen:

Schneiden Sie die Pita-Taschen auf und legen Sie sie beiseite Stellen Sie die Hitze auf mittlere Stufe und stellen Sie eine Pfanne auf. Olivenöl dazugeben und erhitzen. Knoblauch, Zwiebel und Kreuzkümmel in die heiße Pfanne geben und umrühren, während die Zwiebeln weich werden und der Kreuzkümmel duftet. Fügen Sie die Oliven, Kichererbsen, Salz und Pfeffer hinzu und mischen Sie alles zusammen, bis die Kichererbsen goldgelb sind

Stellen Sie die Pfanne vom Herd und verwenden Sie Ihren Holzlöffel, um die Kichererbsen grob zu zerdrücken, sodass einige intakt und andere zerdrückt sind. Erhitzen Sie Ihre Pita-Taschen in der Mikrowelle, im Ofen oder in einer sauberen Pfanne auf dem Herd

Fülle sie mit deiner Kichererbsenmischung und genieße sie!

Ernährung (für 100g): 503 Kalorien 19 g Fett 14 g Kohlenhydrate 15,7 g Protein 798 mg Natrium

Geröstete Karotten mit Walnüssen und Cannellini-Bohnen

Zubereitungszeit: 10 Minuten

Kochzeit : 45 Minuten

Portionen: 4

Schwierigkeitsgrad : Durchschnitt

ZUTATEN:

- 4 geschälte Karotten, gehackt
- 1 c. Walnüsse
- 1 EL. Honig
- 2 EL. Olivenöl
- 2 c. Cannellini-Bohnen aus der Dose, abgetropft
- 1 frischer Thymianzweig
- Salz und Pfeffer

Richtungen:

Backofen auf 400 F/204 C stellen und ein Backblech oder einen Bräter mit Backpapier auslegen Karotten und Walnüsse auf das mit Backpapier ausgelegte Blech oder die Pfanne legen Möhren und Walnüsse mit Olivenöl und Honig beträufeln und alles einreiben, um sicherzustellen, dass jedes Stück ist beschichtet Die Bohnen auf das Blech streuen und in die Karotten und Walnüsse schmiegen

Thymian dazugeben und alles mit Salz und Pfeffer bestreuen. Blech in den Ofen stellen und ca. 40 Minuten rösten.

Servieren und genießen

Ernährung (für 100g): 385 Kalorien 27 g Fett 6 g Kohlenhydrate 18 g Protein 859 mg Natrium

Gewürztes Butterhuhn

Zubereitungszeit: 10 Minuten

Kochzeit : 25 Minuten

Portionen: 4

Schwierigkeitsgrad : Durchschnitt

ZUTATEN:

- ½ c. Fette Schlagsahne
- 1 EL. Salz
- ½ c. Knochenbrühe
- 1 EL. Pfeffer
- 4 EL. Butter
- 4 Hähnchenbrusthälften

Richtungen:

Stellen Sie die Pfanne bei mittlerer Hitze auf Ihren Ofen und fügen Sie einen Esslöffel Butter hinzu. Sobald die Butter warm und geschmolzen ist, legen Sie das Hühnchen hinein und kochen Sie es fünf Minuten lang auf beiden Seiten. Am Ende dieser Zeit sollte das Huhn durchgegart und golden sein; Wenn dies der Fall ist, legen Sie es auf einen Teller.

Als nächstes gibst du die Knochenbrühe in die warme Pfanne. Fügen Sie schwere Schlagsahne, Salz und Pfeffer hinzu. Lassen Sie die Pfanne dann in Ruhe, bis Ihre Sauce zu köcheln beginnt. Lassen Sie diesen Vorgang fünf Minuten lang ablaufen, damit die Sauce eindickt.

Schließlich werden Sie den Rest Ihrer Butter und das Huhn zurück in die Pfanne geben. Stellen Sie sicher, dass Sie einen Löffel verwenden, um die Sauce über Ihr Hühnchen zu geben und es vollständig zu ersticken. Dienen

Ernährung (für 100g): 350 Kalorien 25 g Fett 10 g Kohlenhydrate 25 g Protein 869 mg Natrium

Doppeltes käsiges Speckhuhn

Zubereitungszeit: 10 Minuten

Kochzeit : 30 Minuten

Portionen: 4

Schwierigkeitsgrad: Leicht

ZUTATEN:

- 4 Unzen. oder 113g. Frischkäse
- 1 c. Cheddar-Käse
- 8 Streifen Speck
- Meersalz
- Pfeffer
- 2 Knoblauchzehen, fein gehackt
- Hühnerbrust
- 1 EL. Speckfett oder Butter

Richtungen:

Bereiten Sie den Ofen auf 400 F/204 C vor. Die Hähnchenbrüste halbieren, um sie dünn zu machen

Mit Salz, Pfeffer und Knoblauch würzen Eine Auflaufform mit Butter einfetten und Hähnchenbrust hineinlegen. Frischkäse und Cheddar-Käse auf die Brüste geben

Speckscheiben ebenfalls hinzufügen Die Pfanne 30 Minuten in den Ofen stellen Heiß servieren

Ernährung (für 100g): 610 Kalorien 32 g Fett 3 g Kohlenhydrate 38 g Protein 759 mg Natrium

Garnelen mit Zitrone und Pfeffer

Zubereitungszeit: 10 Minuten

Kochzeit : 10 Minuten

Portionen: 4

Schwierigkeitsgrad: Leicht

ZUTATEN:

- 40 entdarmte Garnelen, geschält
- 6 gehackte Knoblauchzehen
- Salz und schwarzer Pfeffer
- 3 EL. Olivenöl
- ¼ TL. süße Paprika
- Eine Prise zerdrückte rote Paprikaflocken
- ¼ TL. geriebene Zitronenschale
- 3 EL. Sherry oder ein anderer Wein
- 1½ EL. geschnittener Schnittlauch
- Saft von 1 Zitrone

Richtungen:

Stellen Sie Ihre Hitze auf mittelhoch und stellen Sie eine Pfanne auf.

Öl und Garnelen hinzufügen, mit Pfeffer und Salz bestreuen und 1 Minute kochen lassen. Paprika, Knoblauch und Pfefferflocken hinzufügen, umrühren und 1 Minute kochen lassen. Sherry vorsichtig einrühren und eine weitere Minute kochen lassen

Garnelen vom Herd nehmen, Schnittlauch und Zitronenschale hinzufügen, umrühren und die Garnelen auf Teller verteilen. Alles mit Zitronensaft beträufeln und servieren

Ernährung (für 100g): 140 Kalorien 1g Fett 5g Kohlenhydrate 18g Protein 694mg Natrium

Panierter und gewürzter Heilbutt

Vorbereitungszeit: 5 Minuten

Kochzeit : 25 Minuten

Portionen: 4

Schwierigkeitsgrad: Leicht

ZUTATEN:

- ¼ c. gehackter frischer Schnittlauch
- ¼ c. gehackter frischer Dill
- ¼ TL. gemahlener schwarzer Pfeffer
- c. Panko Brotkrumen
- 1 EL. Natives Olivenöl extra
- 1 Teelöffel. fein abgeriebene Zitronenschale
- 1 Teelöffel. Meersalz
- 1/3 c. gehackte frische Petersilie
- 4 (je 170 g) Heilbuttfilets

Richtungen:

In einer mittelgroßen Schüssel Olivenöl und die restlichen Zutaten außer Heilbuttfilets und Semmelbrösel mischen

Heilbuttfilets in die Mischung geben und 30 Minuten marinieren Backofen auf 204 °C vorheizen Backblech mit Folie einstreichen, mit Kochspray einfetten Filets in Semmelbrösel tauchen und auf das Backblech legen 20 Cook im Backofen garen Minuten Heiß servieren

Ernährung (für 100g): 667 Kalorien 24,5 g Fett 2 g Kohlenhydrate 54,8 g Protein 756 mg Natrium

Currylachs mit Senf

Zubereitungszeit: 10 Minuten

Kochzeit : 20 Minuten

Portionen: 4

Schwierigkeitsgrad: Leicht

ZUTATEN:

- ¼ TL. gemahlener roter Pfeffer oder Chilipulver
- ¼ TL. Kurkuma, gemahlen
- ¼ TL. Salz-
- 1 Teelöffel. Honig
- ¼ TL. Knoblauchpulver
- 2 TL. Vollkornsenf
- 4 (je 170 g) Lachsfilets

Richtungen:

In einer Schüssel Senf und die restlichen Zutaten außer Lachs mischen. Den Ofen auf 350 F/176 C vorheizen Eine Auflaufform mit Kochspray einfetten. Den Lachs mit der Hautseite nach unten auf die Auflaufform legen und die Senfmischung gleichmäßig auf den Filets verteilen

Ernährung (für 100g): 324 Kalorien 18,9 g Fett 1,3 g Kohlenhydrate 34 g Protein 593 mg Natrium

Walnuss-Rosmarin-Lachs

Zubereitungszeit: 10 Minuten

Kochzeit : 25 Minuten

Portionen: 4

Schwierigkeitsgrad : Durchschnitt

ZUTATEN:

- 1 Pfund oder 450 g. gefrorenes Lachsfilet ohne Haut
- 2 TL. dijon Senf
- 1 Knoblauchzehe, gehackt
- ¼ TL. Zitronenschale
- ½ TL. Honig
- ½ TL. koscheres Salz
- 1 Teelöffel. frisch gehackter Rosmarin
- 3 EL. Panko Brotkrumen
- ¼ TL. zerdrückte rote Paprika
- 3 EL. gehackte Walnüsse
- 2 TL. Natives Olivenöl extra

Richtungen:

Den Ofen auf 420 F/215 C vorbereiten und mit Pergamentpapier ein Backblech mit Rand auslegen. In einer Schüssel Senf, Zitronenschale, Knoblauch, Zitronensaft, Honig, Rosmarin, zerdrückten roten Pfeffer und Salz vermischen. In einer anderen Schüssel Walnuss, Panko und 1 TL Öl mischen. Pergamentpapier auf das Backblech legen und den Lachs darauf legen

Die Senfmasse auf dem Fisch verteilen und mit der Panko-Mischung belegen. Sprühen Sie das restliche Olivenöl leicht auf den Lachs. 10 -12 Minuten backen oder bis der Lachs von einer Gabel getrennt wird Heiß servieren

Ernährung (für 100g): 222 Kalorien 12 g Fett 4 g Kohlenhydrate 0,8 g Protein 812 mg Natrium

Schnelle Tomatenspaghetti

Zubereitungszeit: 10 Minuten

Kochzeit : 25 Minuten

Portionen: 4

Schwierigkeitsgrad : Durchschnitt

ZUTATEN:

- 8 Unzen. oder 226,7 g Spaghetti
- 3 EL. Olivenöl
- 4 Knoblauchzehen, in Scheiben geschnitten
- 1 Jalapeno, in Scheiben geschnitten
- 2 c. Kirschtomaten
- Salz und Pfeffer
- 1 Teelöffel. Balsamico Essig
- ½ c. Parmesan, gerieben

Richtungen:

Kochen Sie einen großen Topf mit Wasser auf mittlerer Flamme. Eine Prise Salz hinzufügen und aufkochen, dann die Spaghetti hinzufügen. 8 Minuten kochen lassen. Während die Nudeln kochen, erhitzen Sie das Öl in einer Pfanne und fügen Sie den Knoblauch und die Jalapeno hinzu. 1 Minute länger kochen lassen, dann Tomaten, Pfeffer und Salz einrühren.

5-7 Minuten kochen, bis die Haut der Tomaten aufplatzt.

Fügen Sie den Essig hinzu und entfernen Sie die Hitze. Spaghetti gut abtropfen lassen und mit der Tomatensauce vermischen. Mit Käse bestreuen und sofort servieren.

Ernährung (für 100g): 298 Kalorien 13,5 g Fett 10,5 g Kohlenhydrate 8 g Protein 749 mg Natrium

www.ingramcontent.com/pod-product-compliance
Lightning Source LLC
Chambersburg PA
CBHW071824080526
44589CB00012B/905